Te han despedido, ¡ENHORABUENA!

Te han despedido, ¡ENHORABUENA!

Una guía práctica
para reinsertarte en el mercado laboral

MÁXIMO SANT

Zenith/Planeta

Primera edición: noviembre de 2009

Avda. Diagonal, 662-664, 08034 Barcelona (España)

ISBN: 978-84-08-07989-7
Fotocomposición: Zero preimpresión, S. L.
Depósito legal: M. 39.734-2009
Impresión y encuadernación: Brosmac, S. L.

Impreso en España - Printed in Spain

A mis amigos, porque me han vuelto a sorprender

A mi hermano, porque nadie sospecha cuánto le echo de menos

A mis hijos, porque cuando todo falla, ellos me dan fuerzas para seguir

ÍNDICE

PRÓLOGO

¡Que Dios me dé salud! El dinero y el amor, ya me los busco yo.

Este libro tiene dos partes. En la primera, trato de ayudarte a superar anímicamente un despido y a confiar en ti. En la segunda, te ofrezco ideas y herramientas para encontrar un empleo.

Espero que este libro pueda servir de ayuda a todas aquellas personas que han sufrido un despido reciente o no tan reciente. Pero creo que también puede resultar útil para el que teme ser despedido. Incluso puede tener interés para el que tiene que despedir.

El principio de este libro arranca con mi propia experiencia: un despido después de veintisiete años trabajando en una empresa a la que amaba y que no era mi segunda casa: era mi *otra* casa. Eso de «amaba» suena un poco romántico, un poco infantil quizá, pero es la verdad; y, además, he comprobado que es un caso muy frecuente, no soy el único. He tratado de mostrarte mi experiencia para ayudarte a «llevar bien» una situación así y salir de ella con éxito.

En esta primera parte, más o menos hasta el capítulo 8, es un libro un poco intimista, contado en primera persona, en ocasiones casi una confesión y en otros casos una válvula de escape. Te hablo mucho de mi experiencia con la esperanza de que te sirva de algo, aunque tu caso no sea exactamente el mismo. Disculpa este recurso literario.

Estos primeros capítulos se centran en algo que me parece muy importante y de lo que se habla y escribe poco: cómo superar anímicamente una situación tan difícil y poco habitual como es ser despedido y encontrarse en el paro de un día para otro. De este asunto es en realidad de lo que va este libro.

La segunda parte es mucho más práctica. Te hablo de todas las herramientas, trucos, medios y canales a tu alcance para encontrar un trabajo... o para darte trabajo a ti mismo. Es importante este orden, porque si me preguntases cuáles son las claves para encontrar un nuevo trabajo te diría que son dos: optimismo y autoestima. Te voy a contar una anécdota. A las pocas semanas de mi despido, me subí a un taxi y su conductor comenzó su discurso derrotista: que si la crisis, que si las cosas estaban muy mal, que si a todo el mundo se le veía triste... y de pronto me dice, con una mezcla de rabia y envidia: «En cambio a usted se le nota en la cara que le van bien las cosas». Le contesté: «No crea, hace unas semanas me han despedido de *mi* empresa después de veintisiete años». Ese día me di cuenta de que había superado el trauma del despido.

Cada capítulo de este libro se inicia con una frase o cita célebre que, de algún modo, condensa lo que quiero decir en el capítulo y puede dar una pista de por dónde van los tiros. Pero, ya que lo he escrito yo, me he permitido el lujo de abrirlo con una frase mía: «¡Que Dios me dé salud! El dinero y el amor, ya me los busco yo».

Mis amigos pensarán que es mentira, que esta frase no es mía porque me la han escuchado muchas veces, pero siempre atribuida a un amigo mío de raza gitana. Pura timidez, pues es cierto que está inspirada en ese amigo mío, real y auténtico, pero la frase es mía.

Y es una frase que me la creo a pies juntillas: si tú, tu familia y tus amigos gozáis de buena salud, que te despidan o no es un asunto completamente secundario. Créeme.

Cada capítulo se refiere a una «fase» o etapa del proceso inmediatamente posterior a tu despido. Con alguna excepción (los capítulos 2 y 3), el orden es más o menos cronológico.

También he incluido tres apéndices: el primero, con datos prácticos que te pueden ayudar, el segundo, brevísimo, en el que te recomiendo algunas páginas web que pueden resultar de tu interés, y el tercero, con unas cuantas frases y citas que me parecían interesantes y / o curiosas y que no me cabían en otro lugar.

Para terminar este prólogo, te vuelvo a insistir, te vas a encontrar con dos fases: la primera, cómo superar anímicamente una situación tan difícil y poco habitual como ser despedido y encontrarse en el paro de un día para otro. Y la segunda, cómo puedes encontrar trabajo. Si a alguien puede ayudarle en algo, habré cumplido mi objetivo.

1
DECÁLOGO DEL PARADO EJEMPLAR

1. No te abandonarás: sigue una cierta rutina

Si aspiras a ser un ejemplo para los demás parados, ¡no seas vago! Olvídate de *Los lunes al sol,* con Bardem sentado tomando el sol y tomando cervezas. Levántate pronto y, aunque trabajes en casa, date una ducha y ponte *guapo*. Olvida el chándal hasta por lo menos las seis de la tarde. Ojo con las siestecitas. Pero, lo mismo que te digo esto, acuérdate de que los fines de semana son para descansar y que trabajar más de catorce horas al día —y encima sin cobrar— no es el camino.

2. Serás proactivo, no reactivo: cambia la la tele por Internet

La televisión es pasiva: te sientas en el sofá con una cañita, coges el mando a distancia y puedes perder horas haciendo *zapping* y viendo programas horrorosos y que no te interesan nada. Claro que puedes ver la televisión, pero selecciona qué programas (los telediarios, alguna peli y poco más) y cíñete al plan. En cambio, dedica las horas necesarias a navegar por el ciberespacio, buscando trabajo, contactos y manteniendo una presencia activa en aquellas redes sociales que pueden interesarte.

3. Serás más sociable: estrecha el contacto con tus amigos

Es un buen momento para dedicar más tiempo a los amigos. Te pueden ayudar mucho; y, desde luego, no me refiero a que te ofrezcan un trabajo —que puede ser—, sino a que permitirán que compartas con ellos tus penas, te podrán contar experiencias similares y, sobre todo, te ayudarán a disfrutar de la vida... algo a lo que no debes renunciar por muy parado que estés.

4. Buscarás trabajo desde el primer día: estar «en el paro» no es «estar parado»

En muchos libros y páginas web he oído eso de «date un tiempo», «reflexiona», «antes de encontrar trabajo, encuéntrate a ti mismo» y cosas parecidas. Yo te voy a aconsejar justo lo contrario: ponte a buscar trabajo lo antes posible. Tampoco es bueno agobiarse si no se encuentra un empleo al día siguiente del despido: hay que distinguir entre expectativas y realidades. Pero no olvides que quien busca encuentra.

5. Estarás dispuesto a cambiar: no busques el mismo trabajo que tenías

Mejor dicho: no busques únicamente trabajos idénticos al que tenías en posición y sector. Considera la posibilidad de hacer otras cosas o, si te ves con ganas y habilidades suficientes, incluso cambiar de sector. Tampoco hagas ascos a trabajar en una posición inferior a la que tenías.

6. Harás de la necesidad virtud: ¿te has planteado ser empresario?

Te digo esto porque, después de mi despido, me hice a mí mismo un juramento al más puro estilo de Scarlett O'Hara en *Lo que el viento se llevó*, ¿os acordáis?: «Juro que nunca más volveré a pasar hambre...». En mi caso fue: «Juro que nunca más volveré a tener jefe». No es una cuestión de dinero, al contrario, es una cuestión de libertad. Tomé una decisión clave en mi vida: voy a ser dueño de mi tiempo.

7. Te cuidarás física y anímicamente: necesitas estar más en forma que nunca

No es momento de coger un puñado de kilos, de estropearse el estómago por la acción unida de mucha tensión y mala alimentación, de fumar como un loco o de beber a todas horas; ni siquiera es momento de coger un catarro que nos tenga quince días en cama. Si tiene que pasar, pasará, pero tú puedes hacer mucho para evitarlo.

8. Disfrutarás de la vida: no es el momento de dar pena ni de darte pena

Los amigos, la familia, una buena comida, una buena película, un buen libro... pequeños detalles y no tan pequeños, que hacen que vivir valga la pena, aunque estés en el paro. Es la forma de que cada día te levantes con ganas de comerte el mundo, y la manera de rendir más (algo igualmente válido para los que trabajan).

9. Pondrás orden en tu vida: no es cuestión de imagen sino de eficacia

Aunque no lo creas, las primeras semanas y meses en el paro vas a trabajar un montón... ¡y además sin cobrar! Que si abogados, que si la visita al INEM, que si busco información para montar una empresa, que si entrevistas de trabajo. Por un lado está la enorme actividad que despliegas y por otro, que debes distraerte lo menos posible. Si pensabas divorciarte, a lo mejor no es el momento. Pon orden en tus papeles, en tu casa y en tu vida. Si todo va bien en el futuro, ya habrá tiempo de enredarlo.

10. Aprovecharás para formarte: eso te hará más competitivo

Si después de ponerte las pilas, organizarte, poner orden, navegar por Internet, etc., te sobra tiempo, es el momento de mejorar tu inglés, de aprender algún programa informático, hacer un curso de fotografía... o lo que sea, siempre que te interese y te haga más competitivo a la hora de buscar trabajo.

2
¡ME HAN DESPEDIDO!

> El modo de resolver un problema es... ¡enfrentarse a él!
>
> JOSEPH CONRAD

Asumir que estamos «en la p... calle» es la primera tarea y una de las más difíciles. Puedes darte un respiro antes de empezar a buscar trabajo, tomarte un tiempo para poner en orden tus ideas, disfrutar unas vacaciones seguramente merecidas... pero mi consejo es que, hagas lo que hagas, trates de asumir tu condición de parado desde el primer momento.

No, no te has equivocado: empezamos por la segunda etapa, pues tu despido será consecuencia de algo y ésa es la primera etapa. Sea esperado o, peor aún, si es inesperado, los primeros momentos son los más difíciles; o, por lo menos, son muy difíciles. El despido siempre resulta muy desagradable en sí mismo y diferente en cada caso.

Hay despidos masivos y empresas con tan poco estilo que se dan casos en que un día llegas a trabajar por la mañana y no te dejan entrar porque estás despedido; tú y cientos como tú. Si el puesto que tenías en la empresa es relativamente alto, tu empresa es más pequeña y/o hacen las cosas como se debe, tendrás el *lujo* de asistir a una reunión en la que tú serás el protagonista y en la que estarán de *artistas invitados* el director de personal, quizá el consejero delegado o tu jefe y, probablemente, alguien más del área financiera.

En el caso de que ocupases un puesto de cierta responsabilidad, hay un protocolo establecido:

Cuando entras en la reunión en la que te van a comunicar tu despido, desconectan tu correo electrónico y cuando sales, en muchos casos, no puedes ni acercarte al que fue tu ordenador ni entrar en tu despacho; si tienes teléfono y tarjeta de empresa, lo más probable es que te los pidan; y si tienes coche de empresa, lo habitual es que debas volver a casa en taxi.

No te tomes todo esto como algo personal —aunque pueda serlo—, pues es lo normal. Un apunte respecto al tema del teléfono móvil: salvo que sea una PDA, e incluso así, puedes exigir que te den los datos de tu guía de teléfonos y direcciones. Si no has sido precavido y no tienes copia, exige que te los pasen o que te dejen hacerlo a ti.

Lo peor de todo, al menos para mí, es que, después de tu despido, no puedes ir a dar una vueltecita por la empresa para ver a tus amigos, despedirte de ellos y contarles lo que te ha sucedido. Lo más habitual es que la gente salga por la puerta instantes después y ya no vuelva nunca. Todo esto es tan duro y tan injusto —me refiero a la situación, no juzgo si el despido es justo o no— que tienes que tener la cabeza bien puesta sobre los hombros para que no te afecte demasiado; porque afectarte te va a afectar. Seguro.

Generalmente te vas a dar cuenta en seguida de que la cosa va mal, ¡vamos!, que estás con un pie en la calle (más bien con los dos). Muchas veces, se masca la tragedia antes de entrar en la reunión, pues te han citado a ti solo, con gente con la que no es habitual que te reúnas. Las secretarias van y vienen, entran y salen personas desconocidas, hay muchas conversaciones en voz baja y se palpa el nerviosismo.

En otros casos, si no estás próximo al despacho donde se va a representar el *drama*, será justo en el momento de entrar cuando te des cuenta de lo que hay. Y, finalmente, en el peor de los casos, cuando quien todavía es tu jefe comienza diciendo eso de «Tenemos que darte una mala noticia... también es muy duro para nosotros... hemos intentado todo antes de llegar a esto... no hay vuelta atrás...», en ese momento ya vas a ser consciente de que te han jo... robado. Créeme, todo lo que rodea estos asuntos, y lo leerás más de una vez en este libro, está cargado de cinismo, de mucho cinismo.

Hay una frase que oigo montones de veces en los concursos televisivos tipo «Gran Hermano» u «Operación Triunfo»: «Sé tú mismo». De tanto oírla, para mí había perdido todo su significado. Hasta el día en que oí eso de «Te vamos a dar una mala noticia, también es difícil para nosotros, etc.». ¡Y una m...! ¡Difícil lo es para mí! Pero en ese momento pensé «Máximo, sé tú mismo». Y decidí ser una persona amable, educada y mostrar un aspecto tranquilo y relajado. Y, aunque no lo creas, podría decir que hasta disfruté del momento viendo cómo los que me despedían, los que realmente eran los dueños de la situación, estaban cada vez más nerviosos al verme a mí cada vez más tranquilo. Sentí que, de alguna forma, a pesar de que me ponían de patitas en la calle, les había ganado la partida.

Puedes decidir ser toda una señora o todo un caballero, o bien puedes optar por una actitud más agresiva, pero en mi opinión es importante intentar no demostrar nerviosismo; puede ser importante incluso de cara a la resolución posterior del despido. En todo caso, no quiero que pienses que mostrarte educado y tranquilo impide decir lo que piensas, decirles *cuatro cosas, cantarles las cuarenta*. Hombre, si lo que piensas es que son unos... (ponga aquí el lector los insultos más gordos, malsonantes y soeces que se le ocurran), piénsalo dos veces; no te insisto en que no se lo digas, pero creo que eso no te lleva a ninguna parte.

Sé práctico y sé inteligente. Interésate por las causas de tu despido, que te lo expliquen bien. Y tú diles que se equivocan y por qué, aunque ya te lo adelanto, no sirve ab-so-lu-ta-men-te para nada, salvo para que vean que no te amilanas en ese momento, como no te acobardaste en el pasado ni piensas hacerlo en el futuro.

Después del intercambio de palabras y opiniones, viene la parte que más nos va a interesar a partir de ahora: los asuntos económicos. En capítulos posteriores, te cuento estas cosas, pero déjame que ahora, cronológicamente, les dé un repaso.

Primero, te darán un finiquito, es decir, el dinero que te corresponde por la parte proporcional de vacaciones, pagas extras, pagos variables y todas esas cosas. Luego, en función de los años que lleves en la empresa y de la situación o de las pretensiones de la compañía, te ofrecerán una indemnización, escrita en un documento que debes firmar y, si te dan dinero, el correspondiente talón o cheque bancario; y luego, según los casos, te harán una oferta mejor por escrito que, según te dicen, «Tienes que firmar rápidamente, porque de lo contrario la pierdes». Ni caso.

A un compañero mío, la empresa le comunicó que su despido era disciplinario y lo acusaron de falsear las cuentas, con lo cual no tenía derecho a ningún tipo de indemnización; pero en cambio, le ofrecían 100.000 € porque, en el fondo, lo «estimaban muchísimo y les daba mucha *penita*». Eso sí, tenía que renunciar a cualquier reclamación posterior y, si tardaba en decidir, por cada día que pasaba, la oferta se rebajaba 10.000 €.

¡Bien venido al mundo real! Como verás más adelante, lo que vendrá a continuación es un puro regateo al más auténtico estilo rastrero, en el que la empresa —da igual tu dedicación, los años que lleves, tus logros, tu posición...— va a tratar de escatimarte cada euro que le sea posible.

Se trata de un asunto puramente comercial, lo que hayas hecho hasta ese día, más allá de las cifras —días trabajados, salario, etc.—, no vale de nada.

Probablemente, quien negocie contigo no sabe nada de eso y, si lo sabe, le importa poco o nada. Ya has pasado a ser un nombre con una cifra al lado. Y cuanto antes tengas esto claro, mejor te irá, te lo aseguro.

Cuando sales de esa reunión, aunque lo disimules o aunque no seas consciente de ello, estás un poco *noqueado*. Verás tu puesto de trabajo o tu despacho, si es que los ves, por última vez; y no acabas de ser consciente de que, en el momento en que sales a la calle, eres un parado más; lamentablemente, en España, uno más de los casi cuatro millones de parados. Ahí es nada.

3
PERO... ¿NO TE LO ESPERABAS?

> Lo esperado no sucede, es lo inesperado lo que acontece.
>
> EURÍPIDES DE SALAMINA

Hemos dejado el capítulo 2 en el momento en que sales a la calle convertido en un flamante parado. Pero, como en las películas, vamos a situarnos unos meses antes, cuando aún tenías empleo y no habías pensado todavía en dejar de tenerlo. Eras feliz —o no— pero tenías trabajo. Con la crisis económica planeando sobre nuestras cabezas, en función del sector, de la actividad y de cómo esté la situación en tu empresa, resulta que, a lo mejor —o a lo peor—, deberías haberlo previsto.

La mayoría de los trabajadores despedidos no

se lo esperaban, no en ese momento o bien se estaban engañando a sí mismos. Mi consejo es que, aunque te sientas seguro, muy seguro, pero que muy seguro en tu empresa, pienses en esa posibilidad.

Primero, para desdramatizarla, si llega. Y, segundo, para prevenirla. Y si las cosas no están bien, trata de estar informado para, en lo posible, anticipar tus movimientos. Por ejemplo, usa un disco duro externo en tu ordenador para hacer copias de seguridad al menos una vez a la semana: ten copia de tus agendas y de todos aquellos documentos que pueden serte de utilidad en caso de despido, para iniciar una nueva vida... o para denunciar a tu empresa.

Haz también copia de tu agenda y llévate a casa esas pequeñas cosas que tú consideras tuyas, pero que el *perro de presa* encargado de esos asuntos en tu compañía puede pensar que no lo son.

Sí, ya sé que es duro vivir en esta situación. Pero más duro es verte en la calle sin los documentos que podrían ayudarte, sin tu agenda, sin tus cosas... Y, como le decía a mi secretaria días antes de mi despido, estar trabajando pensando que puedes ser despedido es una situación difícil, pero cuando ya estás en la calle, descubres que esa situación, en el fondo, no era tan mala. Al menos cobrabas a fin de mes.

Soy periodista, y el mundo de la información es mi mundo. Por eso, en lo que te voy a decir a continuación puede que haya algo de deformación profesional. Pero igual que creo que hay que estar enterado de las cosas que pasan en el mundo y en la política para *estar en la jugada,* creo que también es muy importante tratar de estar informado de lo que se cuece en tu empresa. ¡Ojo!, no confundas estar informado con ser un cotilla. ¿Que cuál es la diferencia? Esto se lo explicaba a menudo a mi ex jefe: un periodista es alguien curioso que quiere saber y que sabe lo que puede contar y lo que no y a quién puede contarle las cosas y a quién no. El cotilla es el que inventa, exagera y deforma las cosas, simplemente para divertirse.

Gracias a los cotillas, un inocente comentario de «¿Has visto que guapa es la secretaria del jefe?», diez o doce cotillas después se convierte en un «Me han dicho de buena tinta que el jefe está enrollado con su secretaria». Debes detectar a esta gentuza pero, francamente, no suele ser difícil.

A lo largo de este libro, hablamos a menudo de «la empresa» y le damos el rol del *malo de la pelí-*

cula. No todo es tan fácil, desde luego, y seguro que en muchas ocasiones, llevar a cabo los despidos adecuados permite a la empresa tener un futuro y poder salvar otros muchos puestos de trabajo. Por eso mismo, estoy en contra de la gente que está en una empresa y piensa en su dueño y/o en sus accionistas como si fueran un «Gran Hermano», que todo lo ve y que cuida de todos más allá de lo razonable.

Pero, a pesar de lo dicho en el párrafo anterior, no hay que engañarse: las empresas no tienen corazón. Las hay serias o menos serias; que tratan mejor o peor a sus empleados; puedes encontrarlas más o menos consideradas; pero todas, absolutamente todas, tienen un fin: ganar dinero. Y si ganan poco, no ganan lo que preveían, no ganan nada o, peor aún, pierden, toman medidas de ahorro drásticas; y una de las más recurrentes es despedir gente. Por eso mi insistencia en que es bueno estar al tanto de la marcha de la empresa. No sólo para prevenir un despido, también para, por ejemplo, pedir un ascenso, un traslado o un aumento de sueldo.

En empresas grandes, a veces no es fácil estar enterado de cómo van las cosas. Pero, precisamente en esas compañías, hay comités de empresa cuya obligación es ésa, estar al tanto de la situación y de posibles medidas que puedan afectar para bien —casi nunca— o para mal —casi siempre— a sus trabajadores.

Y no se trata sólo de tomarle el pulso a la marcha de la empresa, también de tu departamento, sección o, si es posible, de ti mismo. No se trata de vivir obsesionado con estas cosas, pero sí de saber en qué mundo y en qué empresa vivimos. Hacer esto nos puede evitar sorpresas y nos puede ayudar a resolver mejor nuestro futuro.

4
LAS PRIMERAS HORAS SON CLAVE

> El sabio no dice todo lo que piensa, pero siempre piensa todo lo que dice.
>
> ARISTÓTELES

... Como en los secuestros, las primeras horas son clave. La imagen que damos a los demás y la que nos damos a nosotros mismos en esos momentos, más tarde nos costará cambiarla. Son instantes decisivos en los que nos puede invadir la decepción, el enfado o el desánimo. Y, en tal caso, podemos decir o hacer cosas de las que, un tiempo después, nos podríamos arrepentir. O aceptar tratos que no nos convienen. Antes de hablar, piensa lo que vas a decir.

Siempre se dice de los secuestros que, si no se resuelven en las primeras veinticuatro horas, en muchas ocasiones no se resuelven. En el caso de los despidos no es lo mismo, pero se parece. Lo que sucede en esas primeras horas puede marcar mucho la marcha de todo el proceso, la imagen que das a los demás y la forma en que tú mismo lo vives.

Como me dicen algunos buenos amigos, me repito mucho; pero aun a riesgo de repetirme, insisto en una cosa: no se trata de desplegar una actividad loca, pero no te permitas ir a casa y encerrarte allí a dar pena y a darte pena. En esos momentos, es importante que busques la forma de sentirte anímicamente fuerte. Yo tengo mis trucos, que me dan resultado, y que no deben de ser ninguna tontería cuando he leído cosas parecidas escritas por ahí por eminentes psiquiatras (y, desde luego, ni soy eminente ni soy psiquiatra).

Estas cosas, aplicables en el caso de un despido, pero también en otros muchos, son: busca apoyo en las personas que te quieren, echa mano de tu sentido del humor, haz ejercicio, concédete pequeños placeres, cuida tu alimentación y no dejes de divertirte (y eso incluye, por supuesto, el sexo).

Comenzando por lo primero, busca apoyo en aquellas personas próximas y que te quieren, es decir, tu familia y amigos. A los amigos les dedico todo un capítulo, porque he querido que sean protagonistas de este libro tal como lo han sido en mi caso; se trata de un modesto homenaje. Así que aquí me referiré a tu pareja, tus padres o tus hermanos. Para los malpensados que imaginen que doy más protagonismo a los amigos que a los padres y hermanos, les diré que, con toda certeza, no sería así si mis padres o mi único hermano estuviesen vivos: pero no lo están. Si eres más afortunado que yo, seguro que te serán de una inestimable ayuda como fuente de apoyo incondicional y de consejos valiosísimos.

Sí quiero entrar más en detalle en el tema de los hijos, sobre todo si son pequeños. Confieso que no soy muy *niñero*, pero también reconozco que adoro a mis hijos. Verlos, oírlos y estar a su lado me ha dado fuerzas en esta situación y en otras peores. Para mí, es la mejor medicina contra la depresión o el desánimo que se ha inventado —o, al menos, una de las mejores—. Mi consejo es que les digas lo que te ha pasado con detalle, sin ocultarles nada; y que estés preparado para sus razonamientos, en ocasiones tan claros que pueden sorprenderte.

Los míos, lo primero que me dijeron es que ya los podría llevar yo al colegio porque «como no tienes nada que hacer». Y la hija de una amiga, que también está en el paro, rompió su hucha para sacar el dinero y metérselo secretamente a su madre en el bolso, después de oír a hurtadillas una conversación en la que mi amiga dejaba entrever su preocupación por su economía. Esta anécdota me da pie a decirte que es importante desdramatizar en su presencia y cuando sospechamos que pueden oírnos.

También es cuestión de carácter: a mí no me gusta dar pena, y lo primero que hago si me caigo esquiando (suceso infrecuente, por cierto) es mirar a ver si alguien me ha visto... y si es así, me levanto corriendo como si tal cosa, aunque me duela el alma.

Conozco a gente que va por la vida tratando de dar pena y de sacar partido de ello. Y a algunos les va realmente bien. Pero si optáis por esta vía, no os sirvo de consejero, porque no sabría deciros cómo hacerlo. Yo os recomiendo tomároslo con calma, con sentido del humor y con ganas de salir *del lío*. Hay que saber —y si no se sabe, aprender— a reírse de uno mismo. El sentido del humor siempre es un buen remedio para las situaciones complicadas, y ésta lo es. Este consejo es de aplicación con nuestros hijos, pero también con la familia, con los amigos, etc.

Sigamos con las cosas que te pueden ayudar a sentirte anímicamente fuerte: haz ejercicio. Si no lo hacías, es el momento, y si lo hacías ya, ni se te ocurra dejarlo. Tiene muchas cosas buenas, libera endorfinas, impide que te conviertas en un parado obeso —una vulgaridad—, pero sobre todo, te permitirá dormir mejor. Personalmente, mi teoría es que si te acuestas dándole vueltas a todo y con el cuerpo descansado vas a tener una noche de perros. Nada mejor que caer en la cama agotado.

Otra cosa que te hace sentir bien es concederte pequeños placeres. Esto lo he hecho desde siempre y, como dirían en un anuncio de televisión, es de las cosas que me funcionan y que funcionan. Te pongo un ejemplo: para mí, es un pequeño-gran placer sentarme a media tarde frente al televisor a ver algún programa que me guste, con un vaso de Coca-Cola y un cuenco lleno de pistachos. Dedico a esto apenas 15 o 20 minutos, no puedo hacerlo más de una o dos veces por semana, pero aunque te suene a tontería, vuelvo a la actividad con «las pilas cargadas».

Lo de cuidar la alimentación te parecerá una chorrada, pero te aseguro que no lo es. A cada uno, los nervios se le *agarran* en diferentes zonas del cuerpo, pero es muy frecuente que la tensión nos afecte al estómago. Si además comemos poco, o peor aún, demasiado, o comemos a deshoras, con ese descontrol agravamos la situación.

Éste no es un manual de la buena alimentación, pero déjame recordarte que lo ideal es comer *muchos pocos* —no demasiada cantidad, cinco veces al día— y, permíteme la licencia de aliñar esto con algo de sabiduría popular: «La comida reposada y la cena paseada». Eso de no comer nada durante el día porque estamos de acá para allá y al llegar la noche, darnos un atracón e irnos a la cama, va a suponer que durmamos mal... y que al día siguiente no estemos a tope.

Recuerda: hay que procurar divertirse y pasarlo bien, tal como hacías antes, cuando tenías trabajo. Puedes tener la sensación de que te han metido un reloj dentro de la cabeza en permanente cuenta atrás, y que cada minuto que pasas sin haber encontrado trabajo es un desastre. Cada vez te estresas más y más. En un caso así, esta sensación la tenemos todos en algún momento u otro. Y hay que desconectar, es im-prescin-di-ble hacerlo. Procura seguir practicando tus hobbies favoritos y, si es posible, con la misma intensidad con la que lo hacías antes.

Y, por último, en cuanto al sexo, esta situación es tan buena como cualquier otra para disfrutar de uno de los mejores placeres de la vida. Aquí viene a colación una famosa frase de Randy Mamola, como sabéis un extraordinario piloto de MotoGP (antes 500); Randy nunca llegó a ser campeón del mundo —fue dos veces subcampeón—, pero siempre fue un tío listo y decía que montar en moto «es lo más divertido que se puede hacer... con ropa». A buen entendedor...

5
LOS DÍAS DE TELÉFONO

> Cuando llueve comparto mi paraguas, si no tengo paraguas, comparto la lluvia.
>
> ENRIQUE ERNESTO FEBBRARO

Los dos o tres primeros días los pasarás hablando por teléfono. Compartir tu problema con amigos y conocidos, algunos con experiencias similares, es muy bueno. Te ayuda a pensar y a tener perspectiva porque, al fin y al cabo, aunque el problema sea tuyo, compartir un peso hace más fácil llevar la carga. Además, es bueno mantener el contacto con todo el mundo.

Déjame que te cuente mi caso. Me despidieron sobre las dos de la tarde, llegué a casa a las tres más o menos y, desde esa hora hasta las once, no dejé de hablar por teléfono, alternando el móvil con el fijo. Prácticamente no me dio tiempo a comer, sólo a beber agua porque se me secaba la boca de tanto hablar.

He oído decir a muchas personas que han vivido la experiencia directa o indirectamente, que contar una y otra vez lo mismo es un rollo. No comparto esa opinión. Sinceramente, que tanta gente se preocupase por mí me halagó. Y creo que si se preocupan por ti, debes también sentirte halagado.

Te voy a dar algunos consejos puramente logísticos, alguno de los cuales puede parecerte baladí, pero no lo es. Primero: busca o compra un *manos libres* para el teléfono móvil y, si tu aparato lo permite, también para el fijo. Te aseguro que, si no lo haces, acabarás con dolor de cabeza, con la oreja aplastada y el brazo agotado. Hablar muchas horas con el teléfono móvil pegado a la cabeza —no te rías— es malo para la salud si lo haces habitualmente; y si lo haces esporádicamente, pero con intensidad, te da un dolor de cabeza bestial. Insisto, no te rías, es un buen consejo.

¿No me crees a mí? Pues a lo mejor sí crees al doctor Leif Salford, de la Universidad de Lund (Suecia). En un estudio llamado *Environmental Health Perspectives* sometió a un grupo de ratas a radiaciones que eran una sexta parte de las que emiten nuestros teléfonos móviles (dos horas al día durante cincuenta días). Un 2 por ciento murió. El doctor Salford recomienda no hacer un uso intensivo del móvil, o bien utilizar un manos libres. A lo mejor a él sí le haces caso.

Siguiendo con los consejos de índole práctica, ahí va otro: cuando devuelvas llamadas, ten en cuenta si lo haces a un teléfono fijo o móvil para llamar por el fijo o por el móvil (según el tipo de tarifa que tengas contratada); si no, te puedes gastar un dineral en teléfono y en tus nuevas circunstancias, no es lo más indicado. Y el último: apunta en un cuaderno quién te ha llamado, con quién has hablado, con quién no, y, si lo hay, algún apunte adicional que quieras recordar. Poner orden en tu vida, precisamente en ese momento, viene bien; no quedar mal con nadie justo entonces, también.

Este asunto de las llamadas divide a las personas que te conocen en cuatro grupos distintos. Primero, obviamente, los que no te llaman; según y cómo, el hecho de no llamarte puede ser, ya de por sí, muy significativo. Si se trata de compañeros de trabajo que tenían mucha relación contigo y no se dignan llamarte, en muchos casos —¡bueno!, en algunos— puede ser, simple y llanamente, porque algún papel han jugado en tu despido. Aunque sea sencillamente que lo sabían y no te avisaron. Éstos no nos importan nada.

El segundo grupo es el de aquellos que llaman solamente por cotillear, por tener noticias tuyas de primera mano. Yo te diría que trates de dar la imagen positiva de la que te he hablado ya, aunque, realmente, no sé si te va a servir de mucho, porque muchas de estas personas ya saben lo que van a contar de ti antes de llamarte, y sólo lo hacen para ganar credibilidad y poder decir por ahí, «¿Sabes que... estuve hablando con él y me dijo...?». Éstos tampoco nos importan mucho.

Empezamos ya con los que nos importan. ¡Ojo! que digo nos *importan* y no nos *interesan*, porque hay matices que considerar. Habrá personas que nos importen poco y nos interesen mucho de cara a un futuro trabajo, pero por el momento no me refiero a ellas. En este tercer grupo hablo de aquellos que nos llaman nada más —y nada menos— que para interesarse por nosotros. Este grupo es el más amplio, y merece que se le dedique tiempo y atención, pues son personas que se preocupan por nosotros, que quieren saber cómo estamos, que son sinceros y pueden verdaderamente ayudarte, aunque sea sólo compartiendo un café, una copa, una cena y, sobre todo, una animada charla.

Son los que nos brindan el *devaluado* —pero tan necesario— apoyo moral, los que nos ofrecen su amistad y algo tan vago, pero tan significativo, como el típico «No sé cómo puedo ayudarte, pero si se te ocurre cómo, cuenta conmigo». Está claro que no vas a dirigirte a la primera persona que te diga eso y darle un *sablazo*, pero en muchos casos, en casi todos, esta oferta es real y sincera.

Llegamos al cuarto grupo, del que voy a hablar poco ahora porque, como he dicho, hay un capítulo entero dedicado a ellos: los AMIGOS con mayúscula, la gente que te quiere verdaderamente y que quieren —y pueden, pues probablemente otros querrán, pero no podrán— ayudarte.

Por último, añadiría quizá un quinto grupo, el de aquellos que temen estar en tu situación en breve y, en el fondo, lo que están pidiendo es consejo, ayuda o, simplemente, quieren comprobar la gravedad de la situación viendo tu estado anímico.

En el capítulo 4 ya te he hablado de lo importante que es la imagen que damos, la que sea. Pero lo principal es que sea la que nosotros queramos. Es normal que nos llamen nuestros amigos y conocidos y que ellos y tú acabéis repitiendo «¡Qué putada!», «¡Justo ahora! ¡En el peor momento de la crisis!» y de ahí paséis a lo de «Son unos cabrones... a ver si hay suerte y se hunde la empresa...» y todas esas cosas que acaban por dibujar la imagen del típico despedido-parado cabreado, enfadado con el mundo y que mira más al pasado que al presente.

Adelante; si ésa es la imagen que quieres dar, pues hazlo. Pero piensa un poco. Lo primero, ¿de verdad eres así? ¿De verdad quieres eso? ¿Realmente deseas que la empresa por la que has luchado tanto y en la que dejas a tantos amigos, se vaya a tomar por saco? Seguramente no. Yo les decía a muchos de mis amigos que las personas que han decidido mi despido me podrán obligar a cambiar de trabajo, pero no de forma de ser. ¡Pues eso!

Una cosa es compartir lo que tengas, las alegrías o las penas, el paraguas o la lluvia, como dice Febbraro, y otra es dar una imagen de alguien desesperado, triste y abatido. Y te voy a dar otro argumento muy importante en este sentido. Respóndeme a esta pregunta: ¿son las personas felices las que ríen, silban o cantan? ¿O si ríes, silbas o cantas, eres más feliz? ¿Cuál crees que es la respuesta correcta? ¿La primera? ¡Has fallado! Entonces, ¿la segunda? ¡Has vuelto a fallar! ¡Las dos! Hay experimentos que demuestran que haciendo las cosas que hacen las personas que son felices, acabas siendo más feliz.

Bueno, sin ningún experimento, parece de bastante sentido común. Si te despiden y te encierras en casa sin hablar con nadie y dándole vueltas a todo, difícilmente te animarás. Si sales con los amigos, te vas a ver una buena película (mejor una comedia), o a cenar con tu pareja, te aseguro que al día siguiente volverás «a la lucha» con renovados bríos.

También te aconsejo, como te decía al principio de este capítulo, que lleves un «registro». No se trata de tener un listado de con quién has hablado, cuándo, qué le has contado y en qué has quedado... ¿o sí? Yo no llegué a tanto, pero sí hice una lista de la gente con quien iba hablando, con notas acerca de si había quedado con ellos en vernos o en llamarnos; me lo apuntaba casi todo. La razón es bien sencilla: no quería dejarme a nadie ni quería quedar mal con nadie ni parecer idiota llamándole dos veces seguidas.

6
REFLEXIONEMOS...
ESTO ES UNA CARRERA DE FONDO

> A lo único que tenemos que temer es al miedo por sí mismo.
>
> FRANKLIN DELANO ROOSEVELT

Tu situación no se va a resolver en dos días, o dos semanas, seguramente ni en dos meses... pero ¡esperemos que antes de dos años! Hay que cuidarse, mentalizarse, estabilizarse... Ojo a las depresiones. No tengas miedo. Esto no es una enfermedad de la que se salva sólo un tanto por ciento... Del paro, tarde o temprano, de un modo u otro, se acaban salvando casi todos.

Todo lo que llevamos hablado hasta aquí, hasta este capítulo 6, hace referencia a las semanas o, como mucho, meses posteriores al día de tu despido. Lo peor del mismo y del paro es la incertidumbre. Y, según pasa el tiempo, esa incertidumbre pesa cada día más. Según tu edad, el trabajo que tenías, tu preparación, tus contactos y un montón de variables más, puedes estar parado unos pocos meses, unos cuantos o muchos.

Pero, tal como están las cosas, y en el mejor de los casos, no va a ser cuestión de unas pocas semanas. En situaciones difíciles, hay una curva que describe el estado de ánimo de las personas, sus diferentes etapas, curva que no me he resistido a incluir en el libro como única ilustración. Como ves en la figura tu estado de ánimo —representado por una línea— está a un nivel más o menos razonable. Llega el problema, tu despido, y la línea empieza a caer en picado. Es la primera etapa.

La segunda es la del enfado: te enfadas con los que te han despedido, con tu empresa, con tus compañeros... y acabas enfadado con el mundo.

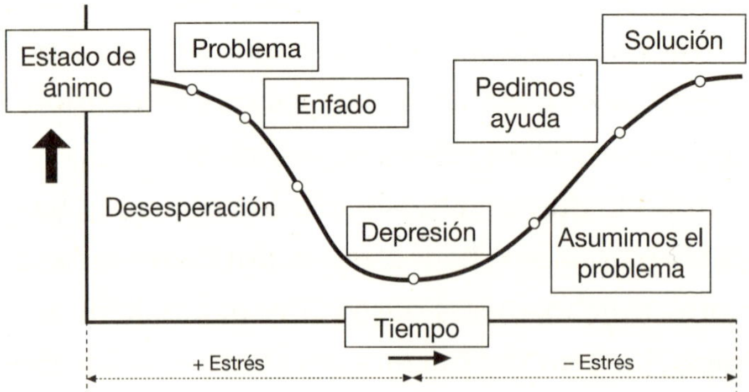

Y entonces comienzas a buscar culpables: es la tercera etapa, en la que, en una gran parte de los casos, llegas a pensar que el culpable eres tú.

Te desesperas, no sabes qué hacer, comienzas a ver el futuro negro... ¡Bien venido a la cuarta etapa!

Si crees que la cosa no podía ir peor, te equivocas, llega la depresión, la quinta fase de esta curva y el punto más bajo. Esta etapa puede prolongarse horas, días, semanas, meses... ¡¿años?!

Pero las cosas mejoran en el momento en que asumes el problema y te dices: «¡Sí, soy un parado! ¿Y qué? Hay miles, millones como yo por ahí, por la calle, tan campantes, tan animados, personas que me encuentro en el cine, en el supermercado, jugando con sus hijos y disfrutando de la vida. Hay otros cuantos miles, millones, que han pasado por eso y han encontrado trabajo. Y, de entre ellos, hay un montón que aseguran estar mejor de lo que estaban. ¡Yo también puedo hacerlo!». En el momento en que piensas esto, enhorabuena, has llegado a la sexta fase, cuando ya asumes el problema y, por decirlo de alguna manera, aprendes a convivir con él. De esto te hablaré un poco más adelante.

A partir de aquí, nuestro estado de ánimo mejora, reconocemos el problema y aceptamos que necesitamos ayuda. Ésta sería la séptima fase, aquella en la que ya no te avergüenzas de reconocer que necesitas apoyo de tus amigos, conocidos y familiares. No es que sea imposible salir del lío sin ayuda, pero seguro que nos costaría más.

Y con todo esto y un poco de suerte llegamos a la última fase, la solución: o bien hemos encontrado trabajo, o hemos decidido iniciar un negocio, o nos hemos prejubilado, o hemos conseguido lo que sería mi sueño dorado, «Vivir de tus padres hasta que puedas vivir de tus hijos». Bromas aparte, cuando has conseguido solucionar el problema, tu autoestima y tu estado de ánimo no están igual que antes: ¡están mucho mejor!

Hace un par de párrafos, cuando te hablaba del momento en que asumes el problema, te decía que volvería sobre el asunto, y lo voy a hacer ahora.

Según las encuestas realizadas en los países del Primer Mundo, la mayor parte de las personas son felices o muy felices. Por ejemplo, en España, en una encuesta del CIS realizada con motivo del cambio de siglo, seis de cada diez entrevistados se manifestaban optimistas y confiados y sólo uno de cada diez, pesimista y desconfiado (probablemente la misma encuesta, realizada ahora, arrojaría otros resultados; pero seguirían ganando, pese a todo, los optimistas).

Es curioso, pues, oyendo por ahí a la gente, podría parecer lógico lo contrario. Pero en esto sucede como en los telediarios o en los periódicos: una buena noticia, sencillamente, no es noticia. Imagínate que un informativo de televisión comenzara así: «Hoy el presidente del gobierno se ha levantado de un humor excelente después de jugar ayer por la tarde un partido de pádel, cenar con unos amigos y haber hecho el amor con su mujer». Parece que esto no le interesa a nadie. Tal vez si hubiera hecho el amor con alguien que no fuese su esposa... lo que en el fondo, no deja de ser una mala noticia.

Pero con este argumento quiero llegar aún más lejos. En este tipo de encuestas, realizadas a grupos de personas que han sufrido accidentes graves con secuelas importantes o enfermedades que les han dejado algún tipo de incapacidad, el resultado a la pregunta... ¡es el mismo! La conclusión es sencilla, el ser humano tiene una enorme capacidad de adaptación. O sea, que un par de semanas después de tu despido estás inquieto e impaciente por salir de tu situación; un par de meses después has asumido tu situación, LO CUAL NO QUIERE DECIR QUE TE CONFORMES, ni mucho menos.

Y ahora te voy a hablar del *Titanic*. Y pensarás, ¿qué tendrá que ver el dichoso barco con la carrera de fondo que es el paro, según me cuentas? Yo te respondo con otra pregunta: ¿sabes realmente por qué se hundió el *Titanic*? Si tu respuesta es «Eso lo sabe todo el mundo, chocó con un iceberg», querido lector, no pasas del aprobado raspado, eres un listillo, nada más. Te voy a explicar realmente por qué. En esa época no había radares, y los barcos chocaban con bloques de hielo y se hundían con relativa frecuencia. El *Titanic* en cambio se suponía que tenía un casco dividido en compartimentos estancos. Si el barco chocaba con un iceberg y se rompía parte de su casco, se cerraba el compartimento afectado, que era el único inundado. De esa forma, el barco no se hundía y, mal que bien, llegaba a destino o era socorrido.

Cuando en su momento se instruyó el juicio, los peritos técnicos llegaron a la conclusión de que el barco se hundió porque los mamparos que dividían el casco superaban la línea de flotación, pero no llegaban a cubierta, y no formaban, por tanto, compartimentos verdaderamente estancos. A medida que subió el nivel del agua, no sólo se llenaron una o dos partes del casco, sino que poco a poco todo el barco se inundó y el *Titanic* se fue a pique.

Y ahora me dirás: «Muy bien, vale, soy un listillo, pero ¿qué tiene que ver esto conmigo, un simple parado?». Muy fácil: no seas como el *Titanic*, ten compartimentos estancos. Un compartimento será tu trabajo; otro, tu pareja; otro, tus hijos; dedica otro a los amigos, otro a tus hobbies; incluso puedes dedicar otros más pequeños al equipo de baloncesto o de F1 que más te guste. Si uno de los compartimentos se hunde, el resto mantendrá la nave, tu nave, a flote.

Todo este rollo te lo podría haber evitado simplemente diciéndote: desconecta. Cuando estás con tus hijos, no pienses en tu despido ni en tu equipo de baloncesto ni en nada que no sean ellos. Y así con todo. No es fácil, pero hay que saber desconectar. Como te decía, te lo podría haber hecho más corto, pero a lo mejor hubiese sido menos convincente.

Vamos a hablar ahora de temas prosaicos, básicamente de dinero. Como decía Josep Pla: «El dinero no da la felicidad, ciertamente. Pero tampoco es un serio obstáculo». Tu economía va a cambiar y es bueno que, sin dramatismos, te adaptes. Según sea tu situación, puedes simplemente ahorrar y «mirar la peseta» (como se sigue diciendo) o, directamente, cambiar tu ritmo de vida. Incluso si eres afortunado porque tu pareja trabaja, tienes unos ahorrillos, te han dado una buena indemnización... ahorra, sin dramas, sin exageraciones, pero ver que puedes vivir con menos dinero te dará un margen de tranquilidad.

Otro consejo en este sentido: haz números. Tanto si te han dado alguna indemnización como si no, ve a tu banco y habla con ellos... y con otros bancos o entidades financieras. Si tienes un crédito hipotecario, la legislación vigente en España te permite estar hasta dos años sin pagar intereses.

Pero antes de ir al banco, haz los deberes. Primero, calcula tus gastos anuales de la forma más detallada posible, lo que incluye los seguros de los coches, impuestos municipales y similares. Haz una estimación —acuérdate del IPC— de otro tipo de gastos corrientes, como la comida, colegio, ropa (poco más de lo imprescindible) y cosas de este estilo. Antes de elaborar tu presupuesto anual, busca dónde puedes ahorrar un poco. Por ejemplo, todo lo que sean seguros es materia de renegociación, pues puedes rebajar las garantías. Si es un seguro de coche, puedes contratar una franquicia y, si ya la tienes, ampliarla o ponerlo a terceros. Con el de vida y de hogar puedes hacer algo parecido. En fin, tú conoces tu economía mejor que yo.

Segunda parte: ingresos. Es decir, la suma de lo que estás seguro que vas a ingresar (el paro, si lo cobras, y el sueldo de tu pareja si la tienes... ¡y si trabaja!) y de los ahorros que tengas, lo que incluye la liquidación, el finiquito y / o la indemnización, si es tu caso. Cuando confrontes ambas cosas, tendrás la «foto» de lo que tienes por delante: los meses o años que puedes estar sin obtener ingresos.

Es el momento de ir al banco para, si es el caso, renegociar el crédito, por ejemplo, alargarlo unos añitos; liberar nuestro fondo de pensiones, otra posibilidad que tenemos los parados en según qué condiciones; estudiar las condiciones de rescate de nuestras inversiones —los que las tengan—; y, en definitiva, valorar todas las posibilidades de que dispongamos. Aunque te parezca imposible, generalmente tu banco te va a dar buenas noticias.

Con todos estos datos, podemos saber esa fecha límite, y así tener un poco de tranquilidad.

Porque eso te va a permitir calcular qué tiempo tienes para encontrar un trabajo o, en el peor de los casos, para tomar medidas drásticas. Te enfrentarás a la cruda realidad, pero mejor conocer esa realidad, por mala que sea, a que esa realidad te atropelle.

7
LO PRIMERO, CERRAR LA RELACIÓN CON TU EMPRESA

> *Si vis pacem, para bellum.* O sea, Si quieres la paz, prepara la guerra.
>
> Máxima del Imperio romano

Mejor negociar, pero no a cualquier precio. Negociar nos permite cerrar cuanto antes un capítulo de nuestra vida y centrarnos en el siguiente. Pero podemos dejar el asunto en manos de un buen abogado y que sea él quien lleve el día a día, de forma que no nos suponga tanto desgaste. Una vez que se ha cerrado el camino de la negociación amistosa, todas las decisiones las debe tomar tu abogado; todas, menos la última y decisiva.

Cualquier negociación, cuando hay cosas importantes de por medio, es una guerra de nervios. Más vale que temples los ánimos, pues de lo contrario acabarás estresado, agobiado y deprimido; y, aunque los temples, seguramente acabarás igual, pero menos. Cada caso es diferente, pero en la mayor parte de ellos interesa negociar y alcanzar una solución consensuada. ¿Por qué? Lo primero de todo, para *cerrar página* de una vez y dedicarse a lo que de verdad importa: pensar en el futuro, en nuestro futuro.

Las negociaciones, necesariamente duras, con tu ex empresa, el acto de conciliación, la interposición de demanda, la preparación del juicio, la negociación apresurada a la puerta del tribunal y, finalmente, si llega, el juicio, es un desgaste tremendo... y no olvides que puede acabar mal. Asesórate bien, es decir, no te conformes con la opinión de un abogado; visita al menos a dos. Ellos te aconsejarán si vale la pena negociar o no y hasta dónde. Pero ¡ojo!, todos te dirán lo que decía Vizcaíno Casas: «No digas pleito ganado hasta no tener la sentencia firme en el bolsillo»... y a veces ni eso.

Según la relación que hayas tenido con tu empresa, si tienes idea de seguir en el sector o no y, por qué no decirlo, tu forma de ser, llegar a una solución amistosa puede hacer que te sientas más cómodo. Ése fue mi caso, pero es probable que el negociador de la empresa entienda todos los argumentos que te he dado antes como cierta debilidad por tu parte. Son así de competentes. Y es importante que le hagas ver de alguna manera que no es así.

En mi caso, todavía hoy, no tengo claro si lo hice bien, mal o regular; pero considero que me equivoqué porque no fui consciente de algo que tú, si lees este libro, sí debes serlo: como ya te he dicho en otros capítulos, las empresas no tienen sentimientos. Alguno me dirá que sí, que la suya sí o, en algún caso, que le han comentado que alguna empresa ha tenido en cuenta algo más que el dinero; algún, alguna, algo... no te confundas, si ha sido así es la excepción que confirma la regla.

Da igual que lleves un mes, veintisiete años —como yo— o cuarenta: para la empresa, eres un nombre con una cifra al lado que, a toda costa, hay que rebajar. Esto también lo leerás más de una vez en este libro, pero lo repito a propósito a ver si se te mete en la cabeza. Y lo peor de todo es que el «trabajo sucio» casi nunca lo hacen los accionistas o los propietarios de la empresa, sino *esbirros* a sueldo que, unos meses, unos días o unas horas antes, te sonreían y te ponían buena cara.

Luego, si se llega a un acuerdo, te dirán: «Lo

siento, es mi trabajo». Siempre he sido de la opinión de que si alguien se mete a policía antidisturbios no es una persona pacifista que odia la violencia (aunque al menos esté del lado *correcto*). Del mismo modo, quien se dedica a despedir gente, no me da ninguna pena: ha elegido ese trabajo.

Para las personas normales y corrientes, de buen corazón, este despliegue de cinismo es ya, por sí solo, algo difícil de digerir. Insisto, no olvides que por mucho que quieras a tu ex empresa, por muy bien que creas llevarte con algunos de los que están negociando contigo, por mucho interés que tengas en salir «como amigo», las negociaciones en estos casos son puro mercadeo.

Si decides negociar tú mismo antes de demandar —siempre asesorado por un abogado, por supuesto— ten en cuenta de que se trata de un partido de profesionales contra amateurs. Para ti, tu despido será el primero, el segundo o, si has tenido mala suerte, el octavo, por decir algo. Pero aquel o aquella que tienes enfrente se dedica a eso, y cuenta sus despidos por decenas, centenares o miles. No olvides que te vas a enfrentar a muchas situaciones en las cuales el lenguaje corporal es muy importante y puede hacerte ganar o perder la partida; si eres buen jugador de mus o póquer, tienes mucho ganado en este asunto.

Volviendo a la secuencia de los hechos, cuando te dan la carta de despido, necesariamente te ofrecen una indemnización, que rara vez llega al máximo al que puedes aspirar. Bueno, siempre no te la ofrecen, pues si tu empresa —más bien ex empresa— decide que el despido es disciplinario, porque has hecho algo muy malo —según ellos—, entonces pueden echarte sin un euro. Éste es el peor escenario, pero también en el que es más fácil tomar una decisión: aquí rara vez hay negociación; hay que demandar e ir *a muerte*.

Pero volvamos al caso más habitual. Si en tu despido te han hecho una oferta, según ellos, por encima de la indemnización que te corresponde, nunca digas que sí de buenas a primeras. Me explico: ellos te dicen que es un despido procedente por «no sé qué motivos, y que te corresponden X miles de euros». Pero que, como te quieren mucho —¡ja!— y se preocupan mucho por ti —¡ja, ja!— y quieren que te vayas contento —sí, ¡claro!— pues te dan la cantidad citada anteriormente más una «propina» pero que, eso sí, tienes que firmar en ese mismo momento. ¡No firmes, *pecadorrrr*! Antes consulta con un abogado.

En algunos casos, esa propuesta conlleva una penalización por cada día que pasa: da igual, no la aceptes sin consultar. Es más lo que puedes ganar que lo que puedes perder. Créeme. Negocia en ese mismo momento que te dejen un par de días para decidir y consultar con tu abogado.

Y, tras consultar con tus abogados, lo habitual es hacer una contrapropuesta. Pero no olvides que la empresa es más fuerte que tú. Un buen ejercicio, que te recomiendo, es preparar una «contracarta de despido», pues este ejercicio te permitirá a ti, y a tu abogado, comprobar con qué armas cuentas si las cosas llegan a «mayores» y es el juez quien finalmente dictamina. Lo más habitual es encontrar una cifra intermedia entre lo máximo que puedes conseguir y lo mínimo, que es lo que ya te ha dado la empresa en un talón al despedirte. La cifra a la que tú aspiras no debe ser nunca la primera contrapropuesta, sino que tiene que ser una cifra por encima, para que la empresa haga una propuesta algo superior a lo que te ha ofrecido, de modo que al final el punto de encuentro sea una cantidad intermedia.

Muy importante: que no te líen. Si vas a negociar tú solo, haz los deberes: calcula tu sueldo diario con todos los detalles, y cuál sería tu indemnización si llegáis a un acuerdo intermedio en el número de días. Ya sabes que un despido procedente supone que te dan 20 días por cada año trabajado y, en el caso de improcedencia, esa cifra llega a los 45 días. También juega un papel el máximo de anualidades, que pueden ir desde un año de sueldo a más de tres. Todas estas variables las tienes que tener claras antes de acudir a esa primera negociación. Y nunca, nunca, pero NUNCA JAMÁS firmes nada que no hayáis leído tú y tu abogado —se lo puedes leer por teléfono—. ¿Te ha quedado claro? ¡Nunca!

Te he dicho antes que consultes a más de un abogado y, aunque sigo pensando así, te puede pasar como a mí, que todos me gustaban y, lo que es peor, ¡eran completamente distintos! En un caso así, consuélate pensando una cosa que es cierta y que seguro que te confirman todos ellos: más importante que el abogado que elijas es el juez que te toque, y ahí, ¡ay, amigo! no tienes nada que hacer. En mi caso, dudé entre un abogado más prudente y conciliador, de carácter más parecido al mío, y otro mucho más peleón.

Confieso que mi decisión final fue negociar aconsejado por el primero, pero si iba a juicio, lo haría con el segundo. ¿La razón? De cara a un juicio, creo que formamos mejor equipo dos personas de diferente carácter que dos iguales. Bueno, ellos no lo saben, salvo que lean este libro, lo cual me halagaría bastante, por cierto.

Uno de estos abogados me dijo algo que me gustó: metidos ya en el lío de interponer demanda y negociar con el pleito como horizonte, todas las decisiones deben ser tomadas por el abogado... salvo la última. Yo, particularmente, soy hombre de poca fe. Fiel sí, pero con poca fe, y me gusta que me expliquen cada paso; esto no es mejor ni peor, va a gustos. Hay abogados que piden un acto de fe y que lo dejes todo en sus manos, y los hay que te explican cada paso que van a dar antes de darlo. Insisto, ni yo ni muchos expertos a los que he consultado se han atrevido a decirme cuál de los dos estilos es mejor, así que es cosa tuya.

Al igual que a la hora de solicitar la prestación por desempleo, o sea, el paro, para demandar a tu empresa tienes un plazo: veinte días hábiles, es decir, son los días de que dispones para negociar antes de demandar. Tienes que ponerte un plazo, de acuerdo con tu abogado, para hacer la «papeleta de la conciliación», paso previo a la demanda. Algunas empresas, bueno, bastantes, juegan con los plazos para dejarte menos tiempo para preparar una buena demanda.

Te lo explico: en ocasiones, los jueces son reacios a permitir hablar en el juicio de asuntos y argumentos que no estén contenidos en la demanda. De esta forma, aunque el juicio tarde meses en celebrarse, no tienes tanto tiempo para preparar una buena demanda. De ahí la frase que abre este capítulo: «Si quieres la paz, prepara la guerra», o sea, que ponte con tu abogado a elaborar la demanda ya mientras negocias. Entre otras cosas, como te decía antes, este ejercicio te servirá para evaluar tus posibilidades en el juicio.

En el acto de conciliación, si es que llegas a esta fase, entrarás en una sala con tu abogado y te encontrarás con los representantes de tu empresa, con un/a letrado/a y un secretario/a. En mi caso fue realmente divertido, pues la letrada me miró y me preguntó: «¿Es usted el despedido?». Respondí que sí, claro, y la letrada, mirando a los representantes de mi empresa, les dijo, con una sonrisa: «¿Y cómo han despedido a este chico, con lo majo que es?». Le agradecí su interés respecto a mi despido, que me llamase *majo* y, sobre todo, lo de *chico;* a mis cuarenta y ocho años es lo que más me gustó.

El acto de conciliación es una oportunidad más de negociar mostrando las primeras armas, pero nada impide que, después de verte las caras con el contrario en dicho acto, se llegue a un acuerdo. Es muy habitual.

Si no has conseguido un acuerdo, en el acto de conciliación pueden pasar tres cosas: primera, que los representantes de tu empresa no aparezcan, lo que quiere decir que no hay conciliación y que habrá fecha para el juicio; segunda, que vayan pero no te pongas de acuerdo con ellos, con lo cual también habrá fecha para el juicio; y tercera, que vayan y os pongáis de acuerdo. Enhorabuena.

Cuando no ha habido acuerdo, el juzgado os comunicará fecha para el juicio. Insisto mucho en lo de «fecha para el juicio» y no «juicio», porque si éste es tu caso, no creas que se ha perdido la posibilidad de llegar a un acuerdo. Antes del juicio, muchas veces instantes antes de entrar en la sala, a las mismas puertas, es el momento en que se cierran muchos acuerdos.

Esto que te voy a contar es importante: hasta el momento antes de entrar en la sala donde se va a celebrar el juicio, hay posibilidad de llegar a un acuerdo a mitad de camino entre lo que nos da la empresa (generalmente, lo mínimo) y lo máximo a lo que podemos aspirar. Pero, una vez en la sala, el juez no va a promediar, va a decir que tú tienes razón y te lo llevas todo, o que la empresa tiene razón y te quedas con lo que te dieron... aunque lo que te dieron fuese «nada».

Un poco de estadística: en estos casos, los jueces fallan a favor del trabajador en alrededor de un 90 por ciento de los casos. Pero como decía George Bernard Shaw: «La estadística es una ciencia que demuestra que si mi vecino tiene dos coches y yo ninguno, los dos tenemos uno». O sea, que si formas parte de ese 10 por ciento, la estadística te servirá de poco.

Te cuento un caso real que le sucedió a mi abogado. En un juicio, como representante del trabajador, apareció con un montón imponente de informes; luego llegó el abogado de la empresa con otro montón de papeles. El juez, al ver el papeleo y hasta arriba de trabajo, anunció un receso y pidió a ambas partes que salieran de la sala «alrededor de 20 minutos»; pero antes de que lo hicieran, se dirigió al abogado de la empresa y le dijo: «De mi juzgado nadie sale con menos de 32 días». Cuando este abogado salió y se quedaron solos en la sala el trabajador y su abogado, el juez se dirigió a ellos y le dijo al demandante: «He leído su caso y ¿sabe que puede irse a su casa con 20 días por año? Llegue a un acuerdo». Ninguno volvió a entrar en la sala y cerraron un trato en apenas 10 minutos. Este caso no es habitual, pero sí te da una idea de cómo están las cosas. Lo importante es que te quedes con esto: en el juicio no hay punto de encuentro, sólo hay un ganador y un perdedor. Sí te puedo decir, en cambio, que, si ganas, la empresa te tiene que pagar, tanto si recurre como si no. Y que las empresas rara vez recurren y, cuando lo hacen, rara vez ganan.

Si cuando leas estas líneas aún no has concluido con este asunto, lo único que te puedo anticipar es que cuando cierres de una vez y para siempre —aunque nunca se sabe— la relación con tu ex empresa, te vas a sentir más tranquilo. Así que ¡ánimo!

8
SÍ TIENES TRABAJO: BUSCAR TRABAJO

> Creo muchísimo en la suerte. Y descubro que cuanto más trabajo, más suerte tengo.
>
> STEPHEN LEACOCK

Hay que organizarse y no relajarse... pero tampoco agobiarse. No te vuelvas loco diciendo que sí a todo, organízate sin prisa pero sin pausa. Piensa cada paso y crea una rutina. Aunque el trabajo de buscar trabajo se haga desde casa, levántate, dúchate, desayuna y ponte presentable antes de pasar a la acción. Si no, un día descubrirás en el espejo que ese *tío* o esa *tía* despeinados, con barba o sin maquillar, con una bata y cara triste... eres tú.

Hay que buscar trabajo, hay que buscar una forma de ganar algo de dinero. Y, si quieres trabajo, lo primero que hay que hacer es pedirlo. Eso oficialmente se llama «Demanda de empleo» y se hace en las oficinas del INEM. ¡Dios mío! ¡He nombrado la *bicha*! ¡El INEM! Yo creo que para todo parado las visitas al INEM son frustrantes. Si eres como yo, de los que odia hacer colas, como diría uno de mis ex jefes, ¡lo llevas claro, campeón!

Mentalízate, relájate y da el paso. No lo dejes para el final, sabes que desde el día de tu despido tienes veinte días hábiles, que empiezan a contar a partir de las vacaciones que te quedaban pendientes.

La cuenta es simple: en el certificado de despido que te da la empresa figura el día de tu despido. También figuran los días pendientes de vacaciones, que son días naturales, o sea, que cuentan todos, fiestas o no fiestas. A la fecha de tu despido le sumas los días de vacaciones y, a partir de ahí, tienes veinte días hábiles, es decir, sin contar festivos.

Cuando te despiden y vas al paro, vives muchas experiencias desagradables, pero quizá la que más, o, al menos, una de las que más, es la primera visita a las oficinas del INEM. No lo digo porque allí te encuentres rodeado de «currantes», no soy nada clasista y prefiero ese ambiente que el ambiente yuppie de algunas empresas «de diseño». Pero allí, todo el mundo está triste, va *entregado,* nadie se atreve a protestar por mucho tiempo que pierdas, porque temes que te digan: «¿Tienes algo urgente que hacer? Pero ¿no estás parado?». En esas circunstancias, las palabras parado o parada resuenan en tu cabeza.

Llegues cuando llegues, habrá un montón de gente, aunque sea una hora antes de abrir (normalmente de 9.00 a 14.00). Pero para darte de alta como «demandante de empleo» no tendrás que hacer mucha cola. Te toman los datos y te dicen que, salvo que te des de baja —es decir, que encuentres trabajo—, tienes que ir por allí cada tres meses. Te dan un papelito —el «justificante de demanda de empleo» —que no puedes perder, pues te hará falta, además, para gestiones posteriores. Últimamente, estas gestiones posteriores también pueden hacerse por Internet.

El siguiente paso es una entrevista con un/a orientador/a para ver qué tipo de trabajo quieres. En mi opinión en la inmensa mayoría de los casos, se trata de un insulto a la inteligencia. A mí me tocó una chica —muy mona y bastante simpática, eso sí— que me preguntaba banalidades y cosas bastante obvias. La conversación fue más o menos así:

Pregunta: «¿Qué sabes hacer?».

Respuesta: «Llevo veintisiete de mis cuarenta y ocho años trabajando de periodista».

Pregunta: «¿Y en qué quieres trabajar?».

Respuesta: «Pues como físico nuclear»; no, eso respondí en mi cabeza, en realidad mi respuesta fue mucho más correcta: «Pues, a ser posible, de periodista».

Respuesta: «¡Ah!» —Ante su asombro, pensé ¿de qué se sorprende?—. «Pues de eso no hay mucha demanda, ¿no sabes hacer nada más? ¿No has trabajado en otra cosa?»

Respuesta: «Sí. He sido pocero, mecánico, profesor de autoescuela, reparador de electrodomésticos, vendedor de seguros, vendedor de porteros automáticos, monitor de conducción de coches, camionero y algunas cosas más que no recuerdo».

Ella me contesta emocionada señalándome con el dedo índice: «¡Pues yo creo que de camionero te encuentro algo!».

Mi respuesta: «Ya. Pero es que yo aspiro a seguir siendo periodista. A lo mejor, dentro de un año te pido trabajo de camionero, de estibador o de pinche de cocina. Pero de momento me gustaría intentar trabajar de lo mío».

Su repuesta: «¡Ah!» —¿Se vuelve a sorprender? ¿De qué?—. «Como quieras. Pero tendrías más posibilidades como camionero, la verdad. Piénsalo.»

Respuesta: «Ya, ya me lo he pensado».

Pregunta: «¿Y cuánto quieres ganar?».

... sin comentarios...

No te voy a aburrir con este diálogo de besugos. Y, ¡ojo!, no tengo nada en contra de la chica mona y simpática, me imagino que hay un protocolo y un documento que hay que rellenar, y eso hace la pobre. Pero, insisto, es un insulto a la inteligencia.

El siguiente paso es acceder a una de las personas que te dará toda la información que necesites. En el capítulo 11 encontrarás información suficiente para saltarte este paso si tu caso es más o menos normal. Si no, ¡hala!, a esperar.

Por último, vas a las mesas donde te gestionan la solicitud y te dicen cuánto vas a ganar como flamante parado, y cuándo comienzas y acabas de cobrar. En mi caso, que iba preparadísimo, necesité sólo 4 horas y 47 minutos. Creo que no es ningún récord Guinness, pero tampoco está mal.

Déjame que te aconseje cómo darte de alta en el paro y no morir en el intento.

Primera consideración: si todavía no estás anímicamente fuerte, déjalo para más adelante. Puedo parecer un poco duro, pero yo hablaría abiertamente de maltrato psicológico: no hay suficientes sillas, ni una triste máquina para comprar un poco de agua, ni nada de beber o comer; en ocasiones, ni baños y, aunque la gente es amable en general, el ambiente es depresivo.

Segunda consideración: prepárate desde el punto de vista logístico. Lleva los impresos ya rellenados (te los puedes bajar por Internet, lee el capítulo 11), una botellita de agua y lectura abundante. Como dan números de turno, calcula el tiempo medio por turno y los turnos que te quedan, eso te dará mucho tiempo libre, aun siendo muy prudente, para no perder el turno. Busca un bar agradable y a mano para tomar un café o un pincho de tortilla. Y si puedes ir acompañado... ¡vaya lujo! Te aseguro que las personas que iban con su pareja o con un amigo y tenían con quién charlar, me daban verdadera envidia.

Tercera consideración: lleva preparada una lista con las dudas que tengas, en orden, con espacio para tomar notas, y toma esas notas de manera que luego las entiendas. Como se te olvide preguntar algo o hacer alguna gestión... ¡hay que volver a empezar! En el último capítulo del libro te cuento con más detalle algunas opciones que tienes para evitarte más visitas al INEM de las estrictamente imprescindibles.

Bueno, ya has pasado la prueba de fuego del INEM y eso tiene dos cosas buenas: te has quitado de encima un *marrón* y, con un poco de suerte, ya cobras algo de dinero. Si además has cerrado un acuerdo con tu empresa o has dejado el asunto en manos de tu abogado, ¡bien!, ya puedes dedicarte a lo que de verdad importa: buscar trabajo.

Ése va a ser tu trabajo a partir de ahora: buscar empleo. E igual que aconsejo a los que tienen trabajo que sepan desconectar, diferenciar lo que es tiempo laboral y lo que no, para evitar convertirse en unos adictos al trabajo, lo mismo te recomiendo a ti. Ponte un horario, levántate a una hora razonable, desayuna, vístete decentemente y ponte a trabajar. Y sé consciente de que ése es tu trabajo porque, como estás «parado», puedes caer en la tentación —sobre todo, si te *ayudan*— de convertirte en el chico de los recados. No está mal ayudar ahora que tienes un horario «flexible», pero como te dediques a los recados de todo el mundo, acabarás por desatender tu principal tarea.

Ahora vamos a hablar de la que será tu *oficina* en estos tiempos. Tengas una casa grande o pequeña, da igual, necesitas encontrar un rincón tranquilo donde poder hablar por teléfono sin que te interrumpan el perro o los niños; puede ser una mesa plegable en el dormitorio o, los más afortunados, un buen despacho en la planta de arriba o en el sótano, es lo mismo: necesitas un espacio donde tener y mantener tus cosas organizadas.

A lo mejor piensas que soy un maniático —y seguramente tendrás razón—, pero lo primero que yo hice fue comprarme un ordenador portátil, unas cuantas carpetas, un cuaderno de esos de los que se pueden arrancar las hojas pero que tienen cuatro agujeros para clasificarlas, y montarme un despachito en casa con ADSL. Para tener mi mente ordenada, necesito orden a mi alrededor.

En el capítulo 4 te sugería llevar un registro de los amigos y / o gente relacionada con tu antiguo trabajo que te había llamado. Pero me estaba refiriendo a un asunto más puramente afectivo que efectivo; sin embargo cuando hablamos de asuntos profesionales, sí que te digo que me parece imprescindible llevar ese registro.

Si quieres seguir en el mismo sector, te conviene mantener vivo el contacto con las personas que conozcas de tu anterior trabajo. Si fuiste precavido (capítulo 3), habrás conservado tu agenda. Si no, no te preocupes, tienes algo de trabajo extra, pero nada que no se solucione en un par de mañanas a base de unas pocas llamadas y mucho Internet.

Siguiente trabajo: hacer un currículum vítae para distribuir urbi et orbe. (¡Estoy inspirado! Cinco palabras en latín en una frase de nueve.) Tienes que confeccionar un buen CV y comenzar a distribuirlo a todo el mundo, incluso a aquellas personas y / o empresas en las que no confías que hagan nada más que tirarlo a la papelera. No importa, no te imaginas la de tumbos que dan los CV por ahí, y puede que un día te llamen del lugar menos pensado.

Internet va a ser una de las herramientas que más utilices. Debes ser muy activo en todas aquellas redes sociales y páginas web que puedan ser de tu interés. Por supuesto hablo de páginas como infojobs.net, pero también de Facebook.com, linkedin.com y redes similares. Es una forma de conocer gente y de que te conozcan, de contar tu caso, de que muchos se enteren de tu situación, de lo que puedes hacer y de que estás disponible. En uno de los apéndices encontrarás algunas páginas web que pueden ser de tu interés, pero con tiempo, un buen ordenador y una línea ADSL, el mundo es tuyo.

Si te has movido bien en Internet y entrado en las páginas de demandas de empleo de los periódicos, en seguida tendrás entrevistas de trabajo. Vístete adecuadamente, ni demasiado formal ni demasiado *casual*, depende de tu estilo y de tu manera de ser, así como del trabajo que vayas a solicitar. Evidentemente, no es lo mismo ir a una entrevista de trabajo para un bufete de abogados que para un puesto de animador infantil; en el primero, quizá una corbata, o al menos una chaqueta, no están de más, mientras que en el segundo, casi parecen imprescindibles unos vaqueros.

La perfección no es de este mundo, así que no quieras ser perfecto; es decir, no mientas. Probablemente, tu punto fuerte sea el aspecto comercial, y el débil, tu nivel de inglés: la solución no es decir que tienes un nivel de inglés alto, la solución sería aprovechar para estudiar inglés.

9
LOS AMIGOS MERECEN UN CAPÍTULO APARTE

> La amistad duplica las alegrías y divide las angustias por la mitad.
>
> FRANCIS BACON

Tus amigos te van a alegrar la vida. Todos te van a preguntar lo mismo decenas, cientos de veces. Lógico. Pero dedícales el tiempo que se merecen, seguramente no lo habrás hecho antes, y ahora los vas a necesitar tú a ellos más que ellos a ti.

Aunque he abierto este capítulo con una frase brillante de un genio como Francis Bacon, no resisto la tentación de incluir otra frase. Ahí va: «Para poder encontrar la oportunidad en la crisis, una condición necesaria es contar, en algún momento, con el afecto y el apoyo incondicional de otras personas». Esto nos lo dice Luis Rojas Marcos en su libro *La autoestima*.

Una de las cosas buenas de que te despidan es que vas a descubrir quiénes son tus verdaderos amigos; y te aseguro que te vas a sorprender. Eso sí, una cosa es tener amigos que te apoyen y te ayuden, y otra muy distinta esperar que alguien venga a solucionarte la vida.

Está claro que vamos a necesitar ayuda, mucha ayuda. Y está claro que, quién mejor que nuestros amigos para dárnosla. No he escrito este libro para presumir de los buenos amigos y amigas que tengo... ¿o sí? Sinceramente, algo hay de eso. Si sois de los que leéis las dedicatorias que aparecen en casi todos los libros, habréis visto que les he dedicado éste. ¿Por qué? Porque nunca sospeché que tanta gente se iba a portar tan bien conmigo.

Pero por lo que he podido comprobar, ni soy muy original ni soy el único que puede presumir de amigos: toda la gente con la que he hablado y a la que he consultado sobre sus vivencias en parecidas circunstancias me han dicho lo mismo, ¡¿qué habría hecho sin mis amigos?!

Medir lo buen o mal chico o chica que eres o has sido en función de los amigos que tengas no es la clave de este asunto. Es más simple: cada uno «recoge lo que siembra». Según cómo te hayas portado con la gente, así se va a portar la gente contigo, es tan fácil como esto. Confieso que mi cosecha superó todas mis previsiones.

Después de la *publicidad,* te cuento otras cosas más interesantes. A lo mejor, te pasa como a mí, que absorbido por mi trabajo no he tratado a mis amigos como se merecían. Siempre he tenido esa idea o ese *complejo,* como me decían algunos, pero el ritmo de vida que llevamos casi todos hoy en día —suena a tópico, pero es así— nos impide dedicar el tiempo que nos gustaría a nuestra familia, a nuestros amigos y a nuestros hobbies. Estar en el paro tiene muchos inconvenientes y algunas ventajas y, una de ellas, es que eres un poco más dueño de tu tiempo.

¿En qué te van a ayudar tus amigos? Preocupándose por ti, como ya te he comentado, con la enorme cantidad de llamadas que recibirás y que te darán mucha moral. Otra forma de ayudarte es, simplemente, escuchándote. Una más, dándote consejos, algunos tan buenos que pensarás que valen su peso en oro y otros tan absurdos pero tan bienintencionados, que provocarán tu sonrisa.

Algunos, incluso, pueden ofrecerte un trabajo o dinero; asuntos más materiales, pero que en estos momentos son de gran importancia. No obstante, la mejor ayuda que puedes recibir de ellos es disfrutar de la vida, disfrutar de su amistad y de su compañía. Te harán sentir bien, alegre, valorado, con las *pilas cargadas* y la autoestima a un nivel razonable, ni demasiado alta ni demasiado baja.

Si aplicas el viejo refrán de que es bueno que «se hable de ti, aunque sea mal», te aseguro que tus amigos, compañeros, conocidos, y en el sector de tu área profesional, se va a hablar mucho de ti.

También descubrirás la «catadura moral» de la gente que te rodea o que te ha rodeado en el que era tu trabajo. Te puedes llevar alguna sorpresa desagradable, pero afortunadamente serán, con diferencia, las menos.

10
NO PIENSES EN LO QUE PUEDES HACER, PIENSA EN LO QUE QUIERES HACER

Si se puede soñar, se puede hacer.

WALT DISNEY

No es momento de ser cobardes, así que, puestos a soñar, soñemos. Para darnos un baño de realidad siempre habrá tiempo. Quizá fueses un gran jefe, o tuvieras muchas personas a tu cargo, quizá debas aceptar trabajos inferiores, pero siempre hay que intentar, salvo que la situación sea difícil, muy difícil, buscar algo que nos motive más allá de cobrar a final de mes (lo que no es poco).

En el trabajo hay dos clases de personas: las que disfrutan con lo que hacen y las que no. Eso, contando con que todos trabajamos por dinero. Como dice un amigo: «El trabajo no será tan sano cuando te pagan por hacerlo». Insisto en que todos trabajamos por eso, pero mientras unos lo hacen sólo por dinero, otros lo hacemos porque nos gusta... o nos gustaba.

No sé a qué grupo pertenecías tú en tu antigua empresa, pero en el fondo da lo mismo. En mi caso, te confieso que, para mí, entrar en la empresa en la que trabajé veintisiete años, en su momento, fue un sueño. Con el tiempo, y a pesar de las dificultades, seguía disfrutando de mi trabajo, aunque cada vez menos. Y en los últimos meses no disfrutaba nada de nada. Hasta tal punto que el despido fue una liberación. Recuerdo el día en que me despidieron: llegué a casa y le conté a mi mujer lo que había pasado... y ella me dijo: «¡Pues tienes mejor cara que esta mañana!». ¡Es lo mejor que me podía haber dicho!

En este sentido, fui un afortunado, y quizá tú no lo seas, pero la relación trabajador-empresa es como la relación de pareja. Da igual que tu pareja sea un/a chico/a guapísimo/a, con buen trabajo, educado/a, de buena familia... si no te quiere, ¡no va a funcionar! Es mejor buscar una persona quizá menos atractiva, quizá con un trabajo más modesto, pero que te quiera. No, no es ser conformista, es que a todos nos gusta sentirnos queridos, y eso nos hace fuertes. Pues con tu empresa es igual: da lo mismo lo buena que sea o lo mucho que te paguen, si no te quieren, la cosa no va a funcionar.

Muchos de vosotros habréis sido despedidos en un ERE o junto con un grupo amplio de compañeros y estas reflexiones tan «personalistas» no las compartís, pues pensáis que no os han despedido a vosotros individualmente, sino que había que prescindir de un número de personas concreto y os ha tocado. Pero en el fondo es el mismo caso: una empresa que despide a alguien sin tener en cuenta quién es quién, no te merece. Si te sirve de consuelo, en mi caso, cuando mi nuevo jefe me despidió apenas había hablado conmigo 15 minutos.

Pero, a lo que importa: necesitas ilusión. Ilusión para cambiar de vida, de actividad, de empresa. No vayas por ahí en plan derrotista, limosneando un trabajito de cualquier cosa. (¡Ojo! a lo mejor —a lo peor— no puedes permitirte ese lujo y necesitas ganar pasta haciendo lo que sea. Si es así, tu única ilusión será llevar dinero a casa, que, como decía al principio del capítulo, no es poco.)

Pero si tú, como la mayoría, no tienes una necesidad tan perentoria, busca dentro de tus posibilidades algo que te apetezca. Ya te he contado cómo fue mi entrevista en el INEM, y cómo me decían que de periodista no iba a encontrar nada, pero de camionero sí. Yo trabajé de camionero, nunca lo he ocultado porque me siento orgulloso de ello, y porque en su momento me ilusionó mucho, muchísimo.

Cuando te digo que busques un trabajo que te ilusione, no me malinterpretes. Si a mí me preguntasen qué trabajo me ilusiona más, te diría rápidamente: «¡Piloto de Fórmula 1! ¡Que se prepare Fernando Alonso!». El asunto es si fue primero el huevo o la gallina, si buscas un trabajo que te ilusione o te va a ilusionar el trabajo que encuentres, y yo creo que hay un poco de todo. Y, sobre todo, a quienes nos gusta hacer las cosas bien, nos ilusiona hacer un buen trabajo, que nos den las herramientas suficientes y adecuadas para ello y nos dejen hacerlo.

Te pongo un ejemplo: te puede gustar la fontanería, pero si te dan herramientas inadecuadas, escasas y / o en mal estado, cambiar un grifo puede convertirse en una verdadera tortura. Quizá yo sea un poco raro, pero cuando veo a alguien que trabaja bien, te aseguro que disfruto; y no hablo de un cirujano o un abogado, sino de un pintor o de un camarero; sí, un camarero de esos que pregunta a quince personas qué quieren, se acuerda de todo, trae una bandeja enorme esquivando multitud de gente y pone a cada uno lo suyo. *Chapeau!*

11
LAS OPORTUNIDADES NO SE ENCUENTRAN, SE BUSCAN

> Un optimista ve una oportunidad en toda calamidad; un pesimista ve una calamidad en toda oportunidad.
>
> WINSTON CHURCHILL

> No se fracasa hasta que no se deja de intentar.
>
> FLORENCE GRIFFITH

No me decidía por una sola frase, así que, excepcionalmente he puesto dos. La primera, porque creo que en mi caso, y en el tuyo, la actitud es muy importante. Muy importante tenerla y también mostrarla a los demás. Si vas por ahí triste y de víctima, perdona que te diga, lo llevas claro.

La segunda frase es porque quería una aportación de alguien acostumbrado a la competición, a competir y a hacerlo limpiamente. A lo largo de todo este libro habrás visto que recomiendo SIEMPRE el juego limpio, el *fair play*, como dicen los ingleses. No te asustes, no voy a recomendarte otra cosa, pero sí quiero llamarte la atención sobre el hecho de que la búsqueda de empleo es una competición. Debes tener muy clara una cosa: alcanzarás tu meta si consigues comunicar el hecho de que tú eres mejor que otros. Y, te parezca bien o no, así es la realidad.

Este capítulo iba a titularse «Estrategia y táctica en la búsqueda de empleo». Muy bélico y muy obvio, así que pensé: mejor no. Busqué otro título: «Encontrar trabajo depende de ti». ¡Vaya obviedad! No está mal decirlo, pero usarlo de título... Pensé un tercero: «¿Dónde están las oportunidades?». Está bien, pero este capítulo era eso y más. Así que recurriendo a mi máxima de «cuando no puedes ser original, sé explícito», decidí usar el título que has leído. Pero no te preocupes, que de todo eso te voy a hablar.

Está claro, como esperes encontrar oportunidades sentado cómodamente en casa o estilo *Los lunes al sol*, ya te lo adelanto: ten paciencia. Pero mucha paciencia. Hay que ser proactivo, no reactivo. Hay que pensar «¡Voy a reinventar mi vida!», ponerse las *pilas* y salir ahí fuera a demostrar que quizá no seamos la mejor o el mejor, pero ¡qué caray! somos muy buenos.

Pero volviendo a mi primer título, en el momento de enfrentarse a la búsqueda de un nuevo empleo, hay que establecer una estrategia, un plan, unos objetivos, de forma realista. Si te pones como meta encontrar trabajo en una semana, es difícil que lo consigas. Debes marcarte objetivos de otro estilo: poner fecha a la confección de tu currículum, fijarte un número de entrevistas, poner fecha a tus actividades en Internet, elaborar un calendario de actividades... cosas así. Es una forma de ver que estás «trabajando», que estás haciendo cosas, que te estás moviendo.

Tienes que hacerte dos preguntas. La primera, ¿qué quiero ser? Y la segunda, ¿qué puedo ser? Tienes que buscar un equilibrio entre tu interés y tu motivación por un lado, y tu preparación y tu experiencia por otro. Conocerse bien, pero bien de verdad, sin caer en excesos de euforia ni en lo contrario, quedarte escaso de autoestima. Este capítulo pretende ayudarte a buscar ese equilibrio.

Conocer la situación del mercado laboral y su posible evolución te va a ayudar mucho. A grandes rasgos, el mercado laboral actual se caracteriza por:

- Incremento de la presencia de la mujer en más sectores profesionales. Pese a lo cual, el paro aumenta más entre las mujeres que entre los hombres, aunque en teoría tienen algo más fácil encontrar trabajo (y, muy probablemente, todavía hoy, ganando menos que sus colegas varones).
- Aumento de la producción, pero reducción de los puestos de trabajo. Las empresas buscan la máxima productividad como vía para mejorar los resultados o para salir de la crisis.
- Aparición de nuevas profesiones. Aquí, si tienes ganas de formarte, tienes una oportunidad. Y no te hablo sólo de nuevos campos tecnológicos, también de trabajos relacionados con las personas mayores o los dependientes, por ejemplo, están más solicitados.
- El sector servicios es el que ocupa a más personas. España es un país más orientado a los servicios que a la industria. Tenlo en cuenta.
- Aumento de las pequeñas empresas en grandes núcleos urbanos, a consecuencia de una descentralización productiva.
- Fuerte competencia entre empresas. Esto te

favorece. Puedes usar como herramienta el hecho de haber trabajado en la competencia o decir que te han entrevistado en una empresa de la competencia. Eso te hace ganar puntos.

- Aumento de la mecanización, uso generalizado de robots y automatismos industriales. Los trabajos «de cadena» y similares están bajando, y lo seguirán haciendo en el futuro. Si puedes evitarlos, evítalos.
- Implicación de las personas trabajadoras en el funcionamiento de la empresa. Cada vez se valora más la capacidad de organización y la iniciativa. Es algo que tienes que dejar entrever en tu CV, en tu carta de presentación, en tu entrevista de trabajo: no quieres ser un simple engranaje más de una gran maquinaria, sientes orgullo por lo que haces y «sientes los colores» cuando estás convencido y seducido por «tu» empresa.
- Necesidad de aprender y adaptarse a cambios tecnológicos en muchas profesiones u oficios. Hemos hablado de nuevos tipos de empleo, pero es que incluso los mismos empleos cambian. El hermano de un buen amigo mío es cocinero de renombre, y el

día que visité la cocina de su restaurante, aluciné: se parecía más a un laboratorio que a una cocina al uso, y los «pinches» usaban todo tipo de aparatitos.

- Reducción de la jornada laboral. Era una tendencia que, en mi opinión, ha cambiado con la crisis de 2009. Pero, en cualquier caso, hay trabajos en los que la jornada laboral siempre será larga. Y en esta fase debes dejar claro que no te importa... aunque a ti y a todos nos importe.
- Disminución de la actividad del sector agrario. Un dato relevante. El sector agrario da poco trabajo, mal pagado y de mala calidad. Si éste es tu sector busca la forma de aportar un «valor añadido» a las empresas que puedan contratarte. O, aunque suene duro, cambia de sector.

No hace mucho tiempo, trabajar suponía formar parte de una empresa «de toda la vida», en un puesto de trabajo y con un contrato fijo, con un horario regular y un convenio colectivo que cada año mejoraba las condiciones laborales. Había mucha estabilidad en el trabajo. Pero este panorama está cambiando de forma acelerada.

En estos últimos diez, quince o veinte años, los cambios en la sociedad laboral han sido muy intensos y profundos. La ya famosa globalización, especialmente en algunos campos (comunicaciones, mercados, banca, sector financiero en general), ha provocado muchos cambios. Uno de los peores es la llamada «deslocalización», el traslado de empresas a otros países con mano de obra más barata. Está claro que una buena formación es clave no sólo para conseguir empleo, sino también para conseguir empleo de calidad.

Hay un fenómeno de especialización. Las características de las empresas actuales exigen trabajadores con unos perfiles muy determinados, lo que provoca la creación de nuevas formas de trabajo y nuevas formas de relaciones laborales entre las personas trabajadoras y las empresas.

Con todo esto, las relaciones laborales han cambiado. Y lo han hecho en tres aspectos:

- Coexisten más que nunca situaciones de empleo y desempleo durante nuestra vida laboral.
- Las empresas exigen mayor flexibilidad de horarios, centros de trabajo e incluso tipos de trabajo.

- Y, en mi opinión, la peor, la existencia de múltiples modalidades de trabajo temporal.

Como te comentaba al principio, otro de los títulos era «¿Dónde están las oportunidades?» y también a esto voy a tratar de contestarte. Ya hemos visto que el mercado laboral ha cambiado mucho en los últimos años, y no sólo en el aspecto técnico, sino también en el sociológico y en el económico. Algunos empleos desaparecen y aparecen otros. Ésos son los llamados «yacimientos de empleos».

Te pongo un ejemplo claro: los periodistas, una profesión que lógicamente conozco muy bien. Internet y otros soportes están «comiéndose» el papel. Están desapareciendo los puestos de trabajo de periodistas en medios convencionales (sólo en Madrid y sólo en 2009, se calcula que casi cinco mil periodistas han perdido su trabajo) y en cambio se pide gente que sepa de Internet, y para ellos es relativamente fácil encontrar trabajo.

Pero hablemos de los llamados «yacimientos de empleo». Efectivamente, se está creando una nueva demanda de puestos de trabajo, en especial en determinados sectores de actividad que surgen como consecuencia de la aparición de nuevas necesidades en nuestra sociedad.

Por lo general, estos yacimientos de ocupación están asociados a mercados laborales con gran potencial de crecimiento o que, simplemente, antes no existían (ya hemos visto dos casos paradigmáticos: las nuevas tecnologías de la información y de la comunicación o trabajos donde se cuida de discapacitados, dependientes y ancianos).

Vamos a repasar otras áreas de actividad que están demandando empleo por encima de la media:

- **Servicios a domicilio:** Un fenómeno propio de los países avanzados y que se da de una forma muy clara en el nuestro es el envejecimiento de la población. Si a esto le unimos la incorporación de la mujer al mundo del trabajo, es lógico el incremento de las empresas dedicadas a entrega de comida y otros productos a domicilio (muchos de ellos demandados vía Internet), así como servicios de catering, cuidado de plantas, animales domésticos, etc.
- **Atención a la infancia:** En el fondo los argumentos son los mismos que en el punto

anterior, abuelos muy mayores que no pueden cuidar de los nietos, la pareja que trabaja fuera, etc., está dando lugar al crecimiento del empleo en esta rama.

- **Tecnologías de la información y la comunicación:** El cambio en este sector es total y abre muchas oportunidades. Se necesitan personas que sepan de estas nuevas tecnologías y muchas empresas demandan personal en este sector.
- **Ayuda a jóvenes con dificultades de inserción:** Afortunadamente, la atención a los jóvenes con problemas originados por distintas causas (fracaso escolar, inmigración, paro juvenil, etc.) da lugar a oportunidades en este campo, ya como trabajador por cuenta ajena, ya como empresario.
- **Mejoras en la vivienda:** La crisis ha dado un empujón notable a la remodelación y mejoras en las viviendas usadas. Es uno de los pocos sectores que, en plena crisis de 2009, ha crecido. Si tu trabajo o tu empresa se dedicaba a la obra nueva, quizá vaya siendo hora de dar un giro a tus objetivos.
- **Sistemas de seguridad:** La inseguridad ciudadana crece y las oportunidades en ese sector de la seguridad crecen en la misma pro-

porción. Hay un amplísimo campo, desde empresa de seguridad, de mecanismos de seguridad, de alarmas en viviendas, de alarmas en coche, de GPS localizador de vehículos robados, instalación de circuitos cerrados de televisión, mecanismos de identificación y localización de personas, agencias y consultorías de seguridad...

- **Transportes colectivos locales:** El estado de las autonomías y la potenciación de la política municipal o de «cercanías» abre alguna oportunidad en este campo, especialmente si lo aderezamos con un poco de imaginación y nuevas tecnologías.
- **Comercios de proximidad:** En este caso, no me atrevo a referirme a este tipo de comercios como una «nueva» oportunidad, pero es siempre una oportunidad si sabemos dar con el tipo adecuado en el sitio justo y en el momento preciso. No es fácil, pero nadie ha dicho que lo sea.
- **Turismo, ocio y desarrollo cultural local:** Por ejemplo, las casas rurales, las empresas que organizan viajes en bicicleta o rutas por otros países, o bien señalización de itinerarios, etc.
- **Sector audiovisual:** Éste es un sector en

permanente crisis, pero la creciente demanda de contenidos audiovisuales en Internet y el «apagón analógico» de la televisión a primeros de 2010 crearán nuevas oportunidades en este campo.

- **Revalorización del patrimonio cultural:** Para bien de todos, parece que la cultura está de moda. Licenciados en historia y en otras carreras que «sólo sirven para dar clases» pero que no tenían muchas salidas, ahora pueden tenerlas.
- **Medio ambiente:** Sólo te voy a poner un ejemplo, ¿sabes que en España más del 10 por ciento de la energía eléctrica proviene del viento? Todos esos molinos que vemos por ahí son nuevos, hace unos años apenas existían. También hay oportunidades en el tratamiento de residuos, gestión del agua, regulación y control de la contaminación, etc. Para bien de todos, la ecología está de moda.

Te he hablado de oportunidades. Como suele decirse, son todas las que están, pero no están todas las que son.

Bueno, ya hemos visto que hay oportunidades, la segunda parte es ¿cómo acceder a ellas?

Todos los empleos requieren de unos requisitos para ser desarrollados. Incluso para trabajos aparentemente sencillos es preciso conocer y dominar unos procedimientos, herramientas, materiales, etc.; o bien aceptar unas determinadas condiciones (horarios, ambiente, etc.); o contar con determinadas características de personalidad o físicas, etc. Durante el proceso de búsqueda de trabajo es importante saber qué tipo de ocupaciones estamos dispuestos a aceptar o a rechazar, y por qué razones.

Dicho de otra forma: hay que marcarse un objetivo que debe ser conseguir una ocupación adecuada a nuestras características personales y profesionales. Nuestra meta debería ser lograr la ocupación «ideal» para nuestras capacidades y conocimientos y, a partir de ahí, definir un proyecto profesional.

Esto no significa que marcarse un objetivo profesional quiera decir que, en un momento determinado, no se pueda cambiar de trabajo, sector o profesión. Por ejemplo, si has trabajado vendiendo de cara al público y eres bueno en eso y además, no te importan los horarios o viajes, plantéate que puedes aspirar a más y ser director comercial o relaciones públicas de un restaurante, hotel, sala de fiestas, o bien trabajar en un departamento de comunicación de una empresa. Si crees que lo puedes hacer, piensa en formarte y en destacar tus logros en esa línea de trabajo en los CV que envíes a empresas de ese sector.

También puedes trabajar con contratos temporales en cosas que no estén relacionadas con tu anterior profesión: siempre será más fácil. En muchas ocasiones, la necesidad de ganar dinero rápidamente, porque lo necesitamos, hace inevitable que se tenga que aceptar el primer trabajo que se presenta. Pero ¿quién dice que esta situación es incompatible con seguir buscando el trabajo ideal? Hacerlo lleva tiempo y esfuerzo, pero piensa que no son tiempo y esfuerzo perdidos, sino una inversión que dará sus frutos.

Algo que nos puede ayudar a encontrar empleo es saber qué buscan y qué valoran las empresas en las personas que solicitan trabajo. A continuación, te doy una lista con algunos de los rasgos y características que nos van a proporcionar una ventaja competitiva frente a otros candidatos:

- Seguridad en sí mismo. Mira, es muy sencillo, si ni tan siquiera tú confías en ti, ¿crees que alguien lo va a hacer? No te muestres ni altanero ni chulesco ni superior, pero debes creer en ti mismo. Recuerda que esto es una carrera; ¿tú crees que hay algún piloto en la parrilla de la F1 que no piense que es o puede ser el mejor?

- Implicación con el objetivo e imagen de la empresa. Las compañías quieren algo más que autómatas que llegan a una hora exacta y a otra hora exacta se les «cae el bolígrafo de la mano». Quieren personas que se impliquen en el proyecto. Yo no sé cómo eres, y no me atrevo a decir cómo debes ser, pero sí cómo debes mostrarte. A buen entendedor...
- Motivación para realizar formación continua. Todo cambia tan rápido que las empresas valoran no sólo los conocimientos que tengas, sino también tu actitud y tus aptitudes para aprender cosas nuevas.
- Polivalencia y adaptabilidad. Más de lo mismo. Muchas compañías contratan a personas porque les gustan ellas en sí mismas, más que sus conocimientos profesionales. Muéstrate predispuesto a la «aventura». Les vas a gustar más.
- Responsabilidad. Demuestra que eres una persona en la que se puede confiar en el terreno profesional, pero también en

el personal y en el deportivo (si tienes este rasgo). La persona que es responsable, suele serlo en todos los órdenes de la vida.

- Capacidad para trabajar en equipo. Quien ha practicado deportes de equipo tiene claro este punto: el valor o la eficacia del mismo casi nunca es la suma de sus partes. ¡Eso es muy difícil! No me gusta el fútbol, pero es un buen ejemplo de lo que te digo. Trabajar en equipo a veces significa renunciar a algo para dejar espacio a los demás de cara al resultado global. No es fácil. ¿Tú sabes hacerlo? ¿Puedes demostrarlo? Pues, ¿a qué esperas?
- Dinamismo. Algo parecido. Como dijo Tolkien, «El trabajo que nunca se empieza es el que más tarda en finalizarse». Debe quedar claro que tú no eres de los que lo dejan todo para mañana. Ese tipo de gente espanta a las empresas. Y si te piden algo, información adicional, una prueba de cualquier cosa o lo que sea, hazlo lo antes que puedas: es una oportunidad —y quién sabe si una prueba— de mostrar y demostrar tu dinamismo.
- Disponibilidad horaria y geográfica. En

realidad, ésta es una variante de la «polivalencia y adaptabilidad». Por suerte o por desgracia, el modelo anglosajón de cambios frecuentes de empresa y residencia se va imponiendo poco a poco en Europa. Es lo que nos toca vivir. Y si para ti no es un problema, resáltalo. Y si lo es, procura que no salga a relucir.

- Capacidad de previsión. O de reflexión. Está claro que las empresas valoran a las personas que no se arrugan, con iniciativa, capacidad de adaptación... pero esto no debe confundirse con improvisación. Eso es otra cosa. Hay que prever para que luego quede margen para la improvisación.
- Iniciativa. Personalmente, cuando estaba «al otro lado de la barrera» y era yo el que hacía las entrevistas de trabajo, ésta era una de las características que más valoraba de los candidatos. Hay un ejemplo típico y tópico: las películas de desastres. Da igual que sea un terremoto, un edificio en llamas, una epidemia o un volcán, siempre hay dos tipos de personas, las que se quedan lamentándose y las que hacen algo. En los guiones hay una relación directa, y entre los que «mueven el culo» hay más que sal-

van el pellejo que entre los que simplemente se lamentan. En mi opinión, lo mismo pasa en la vida real.

Bueno, ya sabes cómo tienes que ser para «gustar» a las empresas y también sabes dónde pueden estar las oportunidades. No quiero acabar este capítulo sin llamar tu atención sobre tres opciones más: el «teletrabajo», el trabajo en el extranjero y el autoempleo. El capítulo final de este libro trata de cómo puedes hacerte empresario para darte trabajo a ti mismo, así que te voy a contar algo de las otras dos alternativas.

El teletrabajo se está implantando cada vez más, y consiste en que la persona trabajadora desarrolla una parte importante de su actividad fuera de la empresa y por sus propios medios. Para teletrabajar bastan un ordenador personal y una buena conexión a Internet. Estas necesidades pueden variar según el tipo de actividad, pero son un mínimo. Si aceptas esta modalidad, amplías tu campo de acción, y es bueno que lo dejes claro desde la primera oportunidad, y también que tengas en cuenta que te van a pagar peor, pero que puede compensarte, porque tiene muchas ventajas.

El teletrabajo se está imponiendo en casi todos los campos profesionales, pero hay unos en los que el desarrollo informático y el tipo de actividad han facilitado que se haya desarrollado más que en otros. Estos campos son:

- Programación
- Servicios informáticos
- Consultoría y servicios a las empresas
- Consultoría y servicios financieros
- Marketing
- Servicios y atención médica
- Relaciones públicas
- Publicidad
- Contabilidad y auditoría
- Periodistas colaboradores
- Escritores, guionistas y creadores de contenidos
- Comerciales y vendedores independientes

Tres de cada cuatro profesiones relacionadas con estas actividades tienen que ver con el conocimiento del sector en concreto, bien de la vertiente del tratamiento de los datos o en la técnica o de gestión.

El teletrabajo tiene ventajas para la empresa

empleadora, que ahorra en instalaciones, en mantenimiento, y puede pagar menos porque el trabajador también tiene ahorros importantes en tiempo y gastos. Reducción de costes, tanto de productividad como de infraestructuras. Asimismo, al desaparecer las limitaciones en razón del lugar de residencia, facilita a la empresa la contratación de personal.

A cambio, la empresa tendrá una mayor dificultad en el control de la evolución del trabajo, le resultará más difícil motivar a sus empleados y quedará menos protegida la confidencialidad de la información.

Para el trabajador, algunas características del teletrabajo son:

- Horario laboral flexible y adaptable a las necesidades personales, lo que facilita mucho la conciliación entre la vida familiar y la profesional.
- Más autonomía y control sobre el propio trabajo.
- Prácticamente se anulan los desplazamientos. Ahorras tiempo, dinero y esfuerzo.
- Las nuevas tecnologías fomentarán esta modalidad de trabajo.
- Están naciendo «empresas virtuales» que

integran grupos de personas teletrabajadoras, ya sea como empleados o en forma de cooperativa.

- No hay que olvidar que es imprescindible tener una gran autodisciplina y motivación.
- Hay que ser capaz de organizar bien el tiempo.
- Necesitarás unos mínimos conocimientos de informática, pues tus problemas técnicos te los tendrás que solucionar tú en la mayor parte de los casos.
- Debes valorar el aislamiento que supone esta modalidad, y separar claramente la vida laboral de la familiar, lo que no es fácil si trabajas en casa.
- Generalmente, comporta una inversión económica.
- Si lo haces como autónomo, recuerda que tienes que asumir los gastos de la Seguridad Social y de la licencia fiscal.

Por último, trabajar en el extranjero ofrece muchas posibilidades. Además, adquirirás una experiencia profesional y personal muy enriquecedora y muy valorada en el mercado laboral. Por estos motivos, hay cada día más personas —no sólo jóvenes, también ya maduras— que para aprender un idioma y adquirir experiencia se instalan en otro país. Puedes encontrar empleo lejos de casa a través de agencias, de páginas web con ofertas de trabajo de ámbito internacional, acudiendo a una Oficina de Trabajo, buscando contratos en prácticas en empresas extranjeras...

En cualquier caso, ten en cuenta que:

- Cuando una persona se plantea viajar al extranjero como objetivo laboral, debe conocer determinados aspectos sobre el país de destino.
- Tanto si tu idea es realizar prácticas en empresas extranjeras durante un período de tiempo determinado, como si pretendes instalarte de forma más estable, es necesario conocer bien la legislación en materia laboral del país de destino.
- Por suerte, la Unión Europea facilita notablemente la movilidad de trabajadores dentro de sus fronteras. Pero existen procedimientos preestablecidos que hay que seguir para poder beneficiarse de los derechos sociales que nos correspondan.
- En este caso todavía más que en otros, in-

formarse es la clave para no perder oportunidades.

- Recuerda que en países diferentes a los de la Unión Europea necesitarás pasaporte, visado, inscribirte en la oficina consular más próxima y solicitar el permiso de residencia y de trabajo.
- En este último caso lo normal es que, si la estancia es superior a tres o seis meses, sea necesario acreditar que dispones de dinero suficiente para tu manutención, o bien viajar con el contrato de trabajo ya cerrado.

Si quieres más información, la puedes encontrar en la web del Ministerio del Interior (http://www.mir.es), en la web del Ministerio de Asuntos Exteriores (http://www.mae.es) o en el teléfono gratuito 900 150 000.

¿Ya te has decidido? Pues llega el momento de preparar un buen currículum vítae.

12
TU CURRÍCULUM ERES TÚ

> La ocasión hay que crearla, no esperar a que llegue.
>
> SIR FRANCIS BACON

El objetivo de un currículum vítae no es encontrar trabajo, su verdadero objetivo es conseguir una entrevista de trabajo, tener una oportunidad de que nos conozcan y de demostrar que somos la persona adecuada para el puesto.

Antes de ponerte manos a la obra con tu currículum, déjame destacarte cuatro cosas:

Primera, muchas personas que no te conocen te van a juzgar por ese documento. Esmérate.

Segunda, no hay que hacer un currículum para todo y para todos, sino uno para cada empresa, persona y momento.

Tercera, ¡no es una confesión! No hay que mentir, pero tampoco hay que contarlo todo y, en cualquier caso, se puede usar la imaginación. Es como una foto: ponte guapo, no salgas en bata y despeinado.

Cuarto, junto con el currículum enviarás una carta de presentación; ésta es tan importante como el currículum en sí mismo. No hagas un currículum estupendo y luego la carta en un par de minutos.

La denominación latina «currículum vítae» significa literalmente «carrera de vida», como sabes se pronuncia «currículum vite» y en adelante me referiré a él como CV. Según la RAE, en castellano se dice currículo, pero se usa muy poco. La elaboración de este documento debes abordarla como un reto: en muy pocas páginas, máximo tres, debes contar tu experiencia profesional, tus puntos fuertes, tu forma de ser y tus ganas de trabajar. Todo eso ceñido a unas reglas estrictas y sin mucha literatura. Y, además, teniendo en cuenta una realidad muy dura: a quien le llegue CV, dedicará unos pocos segundos a «echar un vistazo» y decidir si lo lee; y si decide leerlo, le dedicará entre 20 y 30 segundos, no más. ¿Es o no es un reto? Pero no te preocupes, te vamos a ayudar.

Dependiendo de tu situación y de tu estrategia, yo distinguiría entre dos tipos de CV. El primero es más genérico y es el que vas a enviar a «todo el mundo» esperando que le interese a alguien. Lo podríamos comparar con un *spot* televisivo, que llega a millones de personas, pero sólo interesa a una pequeña parte.

El segundo tipo de CV es aquel que envías a una persona, empresa o *head hunter* del cual o de la cual tienes una idea aproximada o muy precisa de qué tipo de persona buscan y/o para qué tipo de empleo. Es el caso de cuando se envía un CV a una empresa que busca un director comercial o un técnico electrónico, o bien lo envías a un *head hunter* que busca gente experta en Internet, o se lo envías a una empresa tecnológica en expansión. Si tienes una idea de lo que buscan, debes tratar de que tu CV «encaje» con lo que están buscando. Está claro, ¿no? De este último tipo de CV es del que más vamos a hablar en este capítulo, porque, como te puedes imaginar, es el más eficaz... y el más difícil.

Desde el punto de vista de cómo está organizada la información, debes saber que no hay un solo tipo de CV sino varios, que tú deberás escoger en función de tu interés y de tu experiencia. Hay muchas opciones, muchas denominaciones y muchos «inventos», pero, créeme, verdaderamente hay sólo dos modalidades: el inverso y el temático. Veamos cómo es cada uno de ellos.

El CV inverso es bien sencillo: como su nombre indica, se comienza cronológicamente por el final y se acaba por el principio. Hay un tipo de CV cronológico que se comienza por el principio y se acaba por el final, pero francamente, ni lo usa nadie ni tiene mucho interés. El motivo es sencillo: a la persona a la que le llega tu currículum le interesa más lo que hacías «ayer» que lo que hacías cuando «eras pequeño», y si le haces buscar esa información... ya sabes... ¡tiempo! No lo leerá. Por eso, el CV inverso es el más usado.

El CV temático, que también puede llamarse funcional o ejecutivo o de algunas otras formas, se centra en relatar los objetivos alcanzados, los hitos conseguidos en tu carrera profesional, y no es una relación literal y ordenada de todo lo que has hecho. Es un recurso muy bueno para personas con una larga trayectoria profesional, para quienes estiman que han alcanzado logros importantes, para personas que han ocupado puestos de alta dirección... pero no te equivoques, también para aquellos que no quieren contarlo todo. Esos «logros» pueden ser crear un departamento desde cero, introducir una marca, implantar una nueva organización en una empresa, alcanzar determinados objetivos económicos, conseguir algún premio o distinción, etc. Hay muchas posibilidades, pero perdona que te insista, deben ser situaciones reales y demostrables.

Como te decía al principio, un CV no es una confesión donde debas relatar con todo lujo de detalles todo lo que has hecho. Si usas un CV inverso, de alguna manera sí tendrás que contarlo todo. En el caso del temático o funcional, no necesariamente.

Es posible que hayas oído hablar del «Resume», utilizado en Estados Unidos y algunos países anglosajones. Es más o menos lo mismo que un CV funcional, pero con una característica: está muy enfocado y dirigido a la persona y/o empresa a la que lo vas a enviar. Ya sabes que los americanos, para estas cosas, son muy prácticos y, en este caso, hay que aprender de ellos. Por eso te decíamos al comenzar que no hay que hacer un CV y venga, a enviárselo a todo el mundo; es mejor hacerlo pensando en el puesto de trabajo al que aspiras y en la empresa a la que lo vas a mandar.

Profundizando en este asunto, te invito a que te hagas algunas preguntas previas. Por ejemplo, ¿a qué tipo de empresa voy a enviar mi CV? ¿Qué necesita esa empresa? ¿A qué puesto de trabajo aspiro? ¿Realmente puedo aspirar a ese puesto? ¿Tengo la preparación correcta? Hazte estas preguntas y respóndetelas antes de empezar a escribir. Pretender un puesto para el que no estamos preparados ni tenemos la formación adecuada es una pérdida de tiempo para la compañía y para ti y, sobre todo, una frustración. Si buscan un director comercial para expandir una empresa en Estados Unidos y tu nivel de inglés es muy bajo, mejor que tengas claro que no te van a coger.

¡Ojo! ¡Muy importante! No hay que llevar esto hasta las últimas consecuencias. Siguiendo con el mismo ejemplo, si tu nivel de inglés es sólo medio, pero por el resto de tus características encajas muy bien en el puesto (imagínate que es un laboratorio y tú ya has trabajado en el sector), pues lánzate y ya les convencerás de que tu inglés puede mejorar. En todo caso, ya te lo cuento también en otros capítulos, el paro te da una oportunidad de mejorar tu formación.

Hasta ahora, te he comentado más o menos el *fondo* del asunto, pero la *forma* también es muy importante. Vamos con las «Diez reglas de oro» para hacer un buen CV:

Primera regla: Sé conciso. Si puedes contarlo todo en una página, mejor que en dos. En dos, mejor que en tres. Tres ya son muchas. Y cuatro... inaceptable. Por supuesto, no hay portada. Nada más inadecuado que una página entera en blanco donde sólo pone: «Currículum vítae de Zutanito Pérez».

Segunda regla: Sé claro, elegante y sobrio. Usa papel blanco o muy claro. De calidad, no escatimes en esto, pero sin adornos ni horteradas. El texto no debe estar ni muy abigarrado ni dar la sensación de que dejas espacios para ocupar más. ¡Cuidado con el cuerpo de letra! También tiene que ser un tipo elegante y sobrio. Por ejemplo, a mí me gusta mucho la Comic Sans: es clara, de fácil lectura y resalta mucho la negrita... pero resulta absolutamente inapropiada para un CV. Busca algo más serio, como una Times, Book o Verdana. Que el cuerpo sea de tamaño razonable. Salvo que te lo pidan expresamente, JAMÁS lo hagas manuscrito.

Tercera regla: ¡Prohibidas las fotocopias! No hay nada más cutre que enviar un CV que se nota que es una fotocopia del original, sobre todo esas fotocopias que salen algo sucias y ligeramente desencuadradas del papel. Ya te lo digo, un CV así no se lo va a leer nadie. Si tu impresora no es buena, coges un *pendrive* y te vas a una imprenta. No escatimes en esto.

Cuarta regla: No hay que incluir documentos ni fotocopias de documentos que acrediten que todo lo que dices es cierto... salvo que te lo pidan, algo poco frecuente en esta fase (si lo hicieran, sería más bien en la entrevista de trabajo).

Quinta regla: ¡Quedan rigurosamente prohibidas las faltas de ortografía! No te fíes de los correctores ortográficos de los procesadores de texto, ¡los carga el diablo! Prueba a poner «Ahí hay un hombre que dice ¡Ay!» y verás. Tira de diccionario a la menor duda y cuidado con los términos en inglés, poner *bussines* en vez de *business* y cosas parecidas.

Sexta regla: Un CV tiene que ser fácil de leer. Emplea frases cortas, verbos de acción, no te repitas, utiliza las negritas para destacar lo que importa, usa, pero no abuses, de los puntos y aparte, haz apartados, organiza todo muy bien, no utilices abreviaturas y no recurras a ningún tipo de adorno ni a un lenguaje «florido». ¡No se te ocurra poner colores! Y no utilices un vocabulario demasiado técnico para intentar demostrar que sabes mucho de algo. El lenguaje ha de ser coloquial, muy claro y correcto.

Séptima regla: Sé honesto, no mientas ni exageres demasiado. Te insisto mucho en que una cosa es ser honesto y sincero y otra contarlo absolutamente todo. Si de vez en cuando robabas papel de la fotocopiadora o llamabas a tu primo neozelandés desde la oficina, no es necesario que lo digas. No es necesario tampoco detallar el motivo de tus cambios de trabajo. Si te preguntan en la entrevista, ya te explicarás, pero no hace falta que digas si te fuiste o te despidieron y, en este caso, los motivos.

Octava regla: No hables de dinero... es una vulgaridad. Hablando en serio, en un CV ni se cuenta lo mucho o lo poco que ganabas ni lo mucho o lo poco que quieres ganar (supongo que mucho). Si hay que hablar de ello, será en la entrevista de trabajo.

Novena regla: Salvo que te pidan expresamente que adjuntes una fotografía, no la incluyas. En este apartado hay división de opiniones. Hay expertos en selección de personal que recomiendan poner foto, en especial en el caso de que se tenga buena planta (da igual que sea chica o chico). Mi opinión es que no hay que ponerla en ningún caso. Lo veo más razonable en ese CV más «general» que enviamos a «todo el mundo», pero en un CV más orientado a una empresa o puesto concreto, si quieren ver cómo eres, que te llamen.

Décima regla: La décima regla es probablemente la más importante y la más obvia: dedica a tu CV el tiempo que sea necesario. Haz uno general, consulta a gente de tu confianza y revísalo con detalle. Cuando lo hagas pensando en una empresa concreta, recaba la mayor información posible y luego escribe en una hoja lo que busca la empresa y lo que ofreces tú: este ejercicio te va a ayudar. Piensa que tienes que conseguir que la persona que lea tu CV piense: «¡Qué suerte! ¡Justo lo que estaba buscando!».

A la hora de hacer un CV tienen problemas tanto los que han trabajado prácticamente en una sola empresa (era mi caso), como los que han trabajado en muchas. Si eres como yo, con una dilatada experiencia profesional en una compañía, tienes una herramienta fantástica en el CV funcional, donde puedes contar qué puestos y logros has conseguido a lo largo de tu carrera, aunque haya sido en la misma empresa. No pasa nada. No te empeñes en contar los trabajos eventuales que hacías de estudiante para que aparezcan más empresas. Céntrate en lo relevante.

Si has trabajado en muchas empresas en períodos de tiempo no muy largo, pues no pasa nada. O bien eras una persona muy solicitada, muy inquieta o muy eficiente, que encontraba trabajo con facilidad. Si has tenido épocas largas de inactividad laboral, primero procura no resaltarlas y segundo trata de que se aprecie que has aprovechado ese tiempo estudiando, viajando, haciendo voluntariado o teniendo un hijo.

Puedes hablar de tus aficiones. No es obligatorio, pero en mi opinión, sí recomendable. Si has practicado con éxito deportes de equipo, esto dará idea de tu capacidad para trabajar con otras personas, y de tu generosidad para poner el grupo por delante de ti. Si has practicado deportes individuales, eso puede subrayar tu capacidad de entrega y sacrificio.

En cuanto a otros hobbies, tu pasión por la ópera, el teatro o las exposiciones da idea de cierto nivel cultural. Del mismo modo, la práctica de determinados deportes denota un cierto dinamismo (esquí, motociclismo, paracaidismo, submarinismo...). Pero en función de la empresa a la que te dirijas, valora también si interesa mostrar una faceta tuya que conlleva ciertos riesgos físicos. Volvemos a la idea de hacer del currículum un «traje a medida» para cada ocasión.

Ya tienes el CV adecuado a cada empresa. Vamos ahora con la carta de presentación. La primera reflexión que te hago es: de nada sirve un buen CV si la carta de presentación no está a la altura. Si al comenzar decíamos que el objetivo del CV es conseguir una entrevista de trabajo, en este caso podríamos decir que el objetivo de la carta de presentación es conseguir que lean tu CV. Ten en cuenta que lo primero que va a ver la persona a la que vaya dirigido es tu carta de presentación. No lo olvides.

Gran parte de los consejos que te hemos dado para elaborar tu CV en las «Diez reglas de oro» son perfectamente aplicables a la carta de presentación. Pero te añadiré uno: este documento es una especie de resumen de tu CV y un mensaje directo de «yo soy la persona que buscan». Todo eso, en formato de carta profesional o de negocios.

Si decíamos que una de las dificultades del CV es que debe ser corto, la carta debe ser cortísima, pero tiene que servir para marcar diferencias, convencerlos de que vale la pena que te conozcan, mostrar tu entusiasmo por la empresa y por el puesto de trabajo y demostrar tu capacidad de comunicación escrita. La oral la demostrarás en la entrevista de trabajo.

Te voy a dar un *addendum* a las diez reglas de oro, pero ahora refiriéndome a la carta de presentación:

En este caso no hay duda: tienes una sola página.

Explica brevemente lo que quieres y por qué crees ser la persona adecuada para el puesto. Destaca de tu CV sólo lo que consideres verdaderamente clave para cada caso.

No uses el «yo» ni el «mi» más de lo necesario y, aunque escribas a Google (paradigma de lo *casual* aplicado a la empresa), emplea el «usted», nunca el «tú». Si llegas a la entrevista de trabajo y quieren que les tutees, ya te lo dirán. De lo contrario, siempre el «usted» por delante.

Muestra interés y conocimiento de la empresa. Esto requiere un trabajo de campo previo, pero ya sabes que, como se dice en el capítulo 8, «Tu trabajo es encontrar trabajo».

Y, lo más importante, envía tu carta a una persona, no a un cargo o a un departamento. Eso forma parte del trabajo de investigación previo. Si consigues enviar la carta a «Perico de los Palotes, director del departamento de personal», tienes una ventaja definitiva sobre aquellos que hayan dirigido su carta de presentación a: «Departamento de Personal» o «Responsable de selección» o «Personal» a secas de la misma empresa. Ya habrás superado a un buen número de candidatos. Al fin y al cabo, de eso se trata, ¿no?

La estructura es muy sencilla. Ahí va:

Primer párrafo: Presentación y objetivo de la carta.

Segundo párrafo: Cuál es el motivo por el que te interesa esa empresa y ese puesto.

Tercer párrafo: Por qué crees que eres la persona adecuada.

Cuarto: Proposición de entrevista de trabajo. Cómo y dónde pueden localizarte sin dificultad.

Quinto: Como dicen en televisión, «Despedida y cierre». Acaba con tu nombre, apellidos y firma.

Ya está. No hay más. No inventes, porque esto es todo lo que necesitas contar en tu carta de presentación. Huye de obviedades del tipo «estaría encantada/o de trabajar con ustedes», «espero su llamada», o cosas por el estilo.

Para ponértelo más fácil, a continuación te pongo tres ejemplos, uno de un currículum inverso, otro de un currículum temático y un tercero de una carta de presentación. Son muestras de cómo debe ser el contenido, no la presentación, que difiere mucho entre la que se ve en las páginas de este libro respecto a la que deberás hacer en papel tamaño folio. Ahí van:

Currículum temático

Pepe Pérez Gracia
Albacete, 30 de febrero de 1974
C/ Concordia 21. 28920 La Nucia. Alicante.
Teléfonos: 919333333 - 69999999
e-mail: pperez@construccionesbeta.com

EXPERIENCIA PROFESIONAL

Construcciones Beta S. A.
Socio fundador de la empresa dedicada a construcciones de elevada complicación tecnológica.

Construcciones Cracovia. 1995-2009
Empresa multinacional de la construcción: 750 empleados, 1.200 millones de facturación en 2008.

Director general de tecnología. Desde 2004
Responsable de la puesta al día de la tecnología utilizada.

- Responsable de la búsqueda y negociación de nueva maquinaria.
- Sucesivos récords de beneficios de mi área de gestión hasta 2007.
- Presencia en el Consejo de Administración.

- Premio «Award Technology 2006».
- Al frente de un equipo de unas doscientas personas.

Subdirector general obra civil. 1995-2003

- Al frente de un equipo de 40 personas.
- Creador del departamento de tecnologías avanzadas de la construcción.
- Responsable de las negociaciones con grandes compañías.

Obra y Construcción Moderna S.A. 1990-1994

Empresa dedicada a la construcción ecológica.

Director de desarrollo

Al frente de un equipo de 20 personas. En tres años, incremento de un 50 por ciento la facturación.

OTRAS EXPERIENCIAS PROFESIONALES

Asesor técnico independiente de la Comunitat Valenciana entre 1996 y 1999.
Creación de diversas plataformas en Internet para promover campañas de seguridad en la construcción.

He colaborado con la Universidad San Críspulo en diversos másteres de nuevas tecnologías.

FORMACIÓN ACADÉMICA

1986-1990 Título de ingeniero de obras públicas por la UNIVERSIDAD POLITÉCNICA DE VALENCIA.

IDIOMAS

Inglés: Nivel medio.
Buena compresión de valenciano.

CONOCIMIENTOS INFORMÁTICOS

Windows, Word, Excel, Power Point.

OTROS DATOS DE INTERÉS

Gran afición por el deporte: mountain bike, tenis, submarinismo.

Currículum inverso

Pepe Pérez Gracia
Albacete, 30 de febrero de 1974
C/ Concordia 21. 28920 La Nucia. Alicante.
Teléfonos: 919333333 - 69999999
e-mail: pperez@construccionesbeta.com

FORMACIÓN ACADÉMICA

1986-1990 Título de ingeniero de obras públicas por la UNIVERSIDAD POLITÉCNICA DE VALENCIA.

EXPERIENCIA PROFESIONAL

1990-1994 Obra y Construcción Moderna S.A

Director de desarrollo.

1995-2009 Construcciones Cracovia.

1995-2003 Subdirector general obra civil.
2003-2009 Director general de tecnología.

2009 Construcciones Beta S.A.

Socio fundador de la empresa dedicada a

construcciones de elevada complicación tecnológica.

OTRAS EXPERIENCIAS PROFESIONALES

Asesor técnico independiente de la Comunitat Valenciana entre 1996 y 1999.
Creación de diversas plataformas en Internet para promover campañas de seguridad en la construcción.
He colaborado con la Universidad San Críspulo en diversos másteres de nuevas tecnologías.

IDIOMAS

Inglés: Nivel medio.
Buena compresión de valenciano.

CONOCIMIENTOS INFORMÁTICOS

Windows, Word, Excel, Power Point.

OTROS DATOS DE INTERÉS

Gran afición por el deporte: mountain bike, tenis, submarinismo.

Carta de presentación

5 de mayo de 2009

Pepe Pérez Gracia
e-mail: pperez@construccionesbeta.com

Director regional de CC S.A. (ref. 02/1238)

gonzalez@CCSA.com

Estimado Sr. González,

La marcha del negocio de la construcción y las nuevas posibilidades tecnológicas aparecidas en este sector permiten mejorar la rentabilidad de las empresas. Ésta ha sido mi especialidad en estos últimos años.

Mientras estuve al frente de la división de nuevas tecnologías de Construcciones Cracovia, gracias al empleo de estas nuevas tecnologías conseguimos prácticamente duplicar los beneficios de la empresa.

El sector de la construcción atraviesa una grave crisis y las compañías que sepan adaptarse a esta nueva situación serán las que lideren el sector en el futuro. La aplicación de las nuevas tecnologías, que ya se emplean en las empresas americanas y asiáticas más avanzadas, es una vía hacia ese futuro.

Una reunión entre ambos para hablar de la posibilidad de ocupar el puesto vacante en su empresa sería una oportunidad muy ilusionante para mí. Me pondré en contacto con usted en los próximos días para concertar una entrevista. Si tiene alguna duda o desea hablar personalmente conmigo, por favor llámeme al telf. 69999999. Gracias por su atención.

Cordialmente

Firma

Y ya está. Ya tenemos nuestras cartas de presentación (una para cada empresa) y nuestros CCVV (ídem). Si hemos hecho un buen trabajo previo, llegarán a las empresas y personas adecuadas en el momento preciso. Y alcanzaremos el siguiente estadio en la búsqueda de empleo: la entrevista de trabajo. Pero ésa es otra historia... y otro capítulo. Ahora, nos vamos a navegar por Internet.

13

¡HAZTE VISIBLE! INTERNET JUEGA A TU FAVOR

> La página web es el soporte interactivo ideal para ofrecer un servicio, facilitar información, hacer negocio, etc. de un modo más completo y directo que cualquier otro.
>
> VINTON CERF

¡Eres afortunada o afortunado! Con Internet, la búsqueda de un empleo es más fácil, más rápida y, por qué no decirlo, más cómoda. Muchas veces se compara Internet con una «casa de cristal», donde tú ves a todos y todos te ven a ti... ¡Justo lo que necesitas!

Si no tienes un buen ordenador y una línea ADSL, ya sabes qué es lo primero que tienes que hacer el mismo día de tu despido. Y si no tienes ordenador ni dinero, vete a una universidad, una biblioteca, un ayuntamiento o una ONG, que en muchos casos brindan gratuitamente este servicio.

Eso es lo primero. Y lo segundo es dedicarle suficiente tiempo y TODOS LOS DÍAS. Ahora te explicaré cómo.

La pregunta clave es: ¿en qué consiste buscar empleo? La búsqueda de empleo es una carretera de doble sentido. Uno va de las empresas hacia ti: tienes que enterarte de todas las ofertas de empleo y de todos los procesos de selección que puedan interesarte. En el otro sentido tienes que darte a conocer a todas las empresas y a todas las personas que te puedan brindar una oportunidad. Y, como ya te he dicho, justo eso es lo que hace la Red.

Internet te brinda muchas posibilidades. La más evidente, acceder a las ofertas de empleo. Pero hay otras, como dar visibilidad a tu currículum, formar parte de redes sociales profesionales, «dejarte ver» en todo tipo de redes sociales y, por qué no, tener tu propio blog. Vamos a analizar todas y cada una de esas posibilidades.

Nunca ha sido tan fácil como ahora conseguir toda la información de las empresas que ofrecen empleos y tener visibilidad de esas mismas empresas. La tecnología ha cambiado, y la idea de alguien buscando trabajo, enterrado en varios periódicos, ha pasado a la historia. Hay que jugar todas las bazas, y por ello no te digo que no compres periódicos y «bucees» por sus páginas: aún quedan empresas tan rancias que sólo recurren a esa vía. Pero céntrate en Internet, entre otras cosas porque, del mismo modo que las empresas valoran los medios a través de los cuales los candidatos se han puesto en contacto con ellos, el candidato también puede hacerse a la idea del tipo de compañía a la que se enfrenta si ésta sólo ha recurrido a los medios tradicionales para dar a conocer que tiene una vacante. ¿Realmente te interesa trabajar para una empresa así de obsoleta? ¿Tiene futuro una firma que se está quedando fuera del avance tecnológico?

Te voy a contar algunas de las ventajas que te ofrece Internet, por si a estas alturas no estás convencido:

- Hay infinidad de páginas web que publican anuncios y ofertas de trabajo.
- En muchos casos, estas mismas páginas permiten insertar tu currículum, que está a

disposición de las empresas empleadoras. Además, puedes hacer un mínimo seguimiento de las ofertas: Ver si estás «en proceso», descartado, etc. Por otra parte, comprobar los requisitos que piden las empresas te permite hacerte una idea de qué elementos de tu perfil debes mejorar, ocultar o destacar.

- Algo muy importante que te he contado en el capítulo anterior: nos permite conocer mejor a las empresas a las que vamos a enviar nuestro CV, nuestra carta de presentación o con las que vamos a mantener una entrevista. También hay empresas que tienen secciones de «Empleo» o «Trabaja con nosotros» que son una interesante puerta de entrada. En algunos casos, estas secciones se limitan a ser meros formularios de envío, y en otros se publican las ofertas disponibles. Fíjate en el pie de Facebook y verás un buen ejemplo.
- Y, sin duda, es lo más rápido. Más que rápido es inmediato.

Según Eurostat (la oficina de estadística de la Unión Europea), ya en el año 2006, nada menos que el 52 por ciento del tráfico en la búsqueda de empleo se hizo por la Red. Y se estima que este porcentaje crece cada año a un ritmo vertiginoso, cercano al 10 por ciento. Es decir, que no es disparatado afirmar que, en 2010, un 80 por ciento del «tráfico» de personas que buscan empleo y empresas que lo ofrecen estará en Internet.

Si calculas que hay un pequeño porcentaje de relación directa o «boca-oreja», para el método tradicional de cafecito, periódico y rotulador rojo, le queda poco más del 10 por ciento. Por tanto, ésa debe ser la proporción: no dediques más de un 10 por ciento de tu tiempo a consultar los periódicos.

Ahora te voy a dar una serie de consejos para que ese tiempo que dedicas sirva para algo. Vamos con ellos:

1. Selecciona las páginas web de ofertas de empleo. No se trata simplemente de estar en todas. Hay multitud de ellas, más generales, más específicas, más locales, etc. ¿Cuáles interesan más? Muy fácil: las que salen las primeras en tu buscador, prueba inequívoca de que tienen más tráfico, que es lo que nos interesa. Sólo en el caso de que busques un trabajo muy concreto —si tu especialidad es, por ejemplo, sexador de

pollos— te interesarán también mucho las más especializadas.

2. Busca varias páginas web para «exponer» tu CV. Ésta es la vía de doble sentido que te comentaba. Si en el punto anterior la empresa se hace visible para ti, en éste eres tú el que se hace visible para la empresa. Pero al igual que te decía antes, no se trata de estar en todas partes, sino en aquellas de mucho tráfico o mucha afinidad. Cuando te suscribas a una página web, es interesante rellenar todos los campos posibles; no dejes en blanco campos que puedes rellenar, aunque te parezcan obvios.
3. No mires sólo las últimas ofertas de empleo. Hay empresas que están semanas, e incluso meses, buscando a la persona que les gusta. Es mejor que tu CV llegue a una empresa o a varias que ya han cerrado el proceso de selección, a perder alguna oportunidad.
4. Te interesan las empresas en fase de contratación. Aunque el puesto que ofrezcan no concuerde exactamente con lo que buscas, trata de conseguir una entrevista de trabajo. Confía en tu capacidad de seducción. Quizá les gustes lo suficiente como para

asumir tu formación, o te busquen un «hueco» en otro departamento.

5. Hay que estar al día. Entra A DIARIO, si es posible a primera hora. Ser el primero, o al menos de los primeros, importa. Hay empresas que examinan un número cerrado de CV y llegado a ese punto no quieren más. Debes ser el más actualizado, el más informado, hacer un seguimiento de cada oferta, de cada empresa... En este momento, te repito que ¡éste es tu trabajo!
6. Hay que ser perseverante, pero ¡no pesado! No envíes un CV o un mensaje y ya está; si es posible, haz un seguimiento, interésate por la marcha del proceso de selección, siempre con tacto y educación, y procurando no convertirte en un pesado que causa rechazo.
7. Ten visibilidad en las redes sociales y de networking... pero presencia activa. Tienes que mostrarte dinámico, recupera viejos contactos, vuelve a tener «presencia» en empresas en las que trabajaste o con las que trabajaste, haz nuevos amigos y contactos, conoce a profesionales o a gente con experiencia. Sé prudente, porque no es lo mismo una red especializada en networking

que, por ejemplo, Facebook. En este último caso, tienes que ser más cauteloso, no convertirte en el «buscador compulsivo de trabajo» que espanta a todos. Basta con tener presencia y visibilidad, para que la gente sepa que estás ahí.

8. Cuida tu imagen. Todos los documentos que envíes, ya sea tu CV, tu carta de presentación digital, correos electrónicos, SMS si llega el caso, tienen que ser impecables en presentación, ortografía, redacción, etc. Cuidar todo esto no va a hacer que pases una selección, pero lo contrario sí puede hacer que te quedes fuera.

Vamos a hacer un repaso de aquellas páginas web que considero más interesantes. Ya te decía que Internet te ofrece muchas posibilidades: la obvia, acceder a las ofertas de empleo. Vamos a comenzar por ahí, por las páginas web donde están esas ofertas.

- **InfoJobs.** Probablemente, la más conocida y la más cómoda. La ventaja: te envían las ofertas a tu propio correo electrónico y suelen estar bien segmentadas. La desventaja: ¡todo el mundo está en InfoJobs! Está tan masificado que es difícil inscribirse a una oferta en la que no compitas por lo menos con cien candidatos más.

Cuentan con utilidades muy interesantes y prácticas. Por ejemplo, el test de inglés para demostrar que el nivel que indicas en tu CV es real, y el llamado «pack de visibilidad», son algunas de ellas.

• **Monster**. ¡Vaya nombrecito! Pero es, a día de hoy, la segunda en relevancia. Comenzó muy fuerte y, a pesar de haber perdido «fuelle», sigue siendo muy interesante. Por ejemplo, en ella siguen publicando ofertas muchas empresas con bastante renombre.

• **trabajar.com**. Como InfoJobs, también ofrece la comodidad de enviar ofertas al correo electrónico, pero no tienen tan bien segmentada su base de datos.

• **Adecco**. Es la web de una potente empresa de trabajo temporal y suele contar con ofertas interesantes. Pero en este caso no te envían correos, sino que hay que estar pendientes de su sitio web. Una de las primeras que tienes que abrir cada mañana.

• **Redtalent**. Un paso —o dos— por detrás de las anteriores, aunque puedes encontrar cosas interesantes. En este caso, también es conveniente estar pendientes del sitio web y consultar tú mismo las ofertas disponibles. La segunda en revisar cada mañana.

Hay otras, como **Hudson, Hays, Globally, nexus, Nations Group, Tecnoempleo** e **infoempleo**.

Otra opción son las redes de networking, aunque aquí sólo te voy a hablar de una, de **linkedin**. Esta web tiene muchas opciones, pues funciona como una red social especializada en temas profesionales y en ella encontrarás todas las herramientas habituales en este tipo de sitios. Pero también te sirve para darte visibilidad incluyendo tu link en la «firma» de tus correos. Así que, si te decides a unirte a linkedin, dedica tiempo a rellenar tu perfil, en especial si lo vas a hacer público. También es muy interesante unirse a grupos temáticos tipo «marketing en Internet» y responder a preguntas en la sección de «Respuestas». Es una buena forma de darte a conocer echando una mano a profesionales del sector.

En cuanto a las redes sociales hay dos muy destacables y en las que te propongo que estés: **Facebook** y **twitter**. En teoría, son redes sociales para mantenerte en contacto con la familia y los amigos (más Facebook que twitter), pero con seleccionar las fotos, los comentarios y los amigos, puedes convertirla en una red de trabajo. Te pongo algunos ejemplos:

- Puedes unirte a grupos relacionados con tu sector y convertirte en un miembro muy activo, publicando con frecuencia fotos, comentarios y enlaces y, de esta manera, conseguir relevancia y visibilidad.
- Puedes hacerte seguidor de empresas y personas que te interesan y / o que son de tu sector. Por un lado, consigues información directa; por otro, te haces ver.

En el fondo, la idea es conseguir relevancia, que se te identifique como una persona activa, al tanto de lo que pasa en tu sector, con determinadas cualidades y con experiencia y / o preparación. Todo esto lo puedes conseguir con las redes sociales, pero puedes ir más lejos, ponerte la «vitola» de alguien que se mueve con soltura en el ciberespacio. ¿Cómo? Crea tu propio blog.

¿Te has recuperado ya del susto? Pues te adelanto que no es para tanto. Hay herramientas relativamente sencillas y asequibles para crearte un blog sin muchas florituras. Ten en cuenta que no es necesario saber programar o ser informático... Y, además, todos tenemos un amigo o una amiga (o ambos) *frikis* de Internet que nos pueden ayudar. Éste es mi caso, ¿o te crees que ya sabía todo esto?

Pero vamos a lo que interesa. Con un blog propio debes plantearte cuatro objetivos:

- El primero, aprender de Internet. Mi abuela siempre decía que para salir de un lío, primero hay que meterse. Pues eso, si te metes en el lío, acabarás saliendo y aprendiendo un montón de Internet, que hagas lo que hagas, trabajes en lo que trabajes, te va a venir de maravilla.
- El segundo objetivo, divertirte. Me da igual que me digas que odias los ordenadores e Internet, te vas a divertir a medida que descubras las enormes posibilidades que te ofrece la Red y tener tu propia web (al fin y al cabo, eso es un blog).
- Tercer objetivo, presentar tu CV de forma diferente, innovadora y divertida. Puedes, por ejemplo, crear distintas pestañas que sean las distintas secciones: Datos personales, formación, experiencia, etc. Y, como en Internet el espacio es ilimitado, puedes colgar tu CV como documento PDF y puedes quedar como un fuera de serie cuando te digan: «¿Nos puede enviar su CV?», y tú respondas: «Si quiere, se lo puede bajar de mi página web».

En distintas secciones, puedes contar todas aquellas cosas que no aparecen en un currículum, algunas que los entrevistadores siempre preguntan (con lo cual tienes una ventaja competitiva frente a otros «rivales»), y algunas más que los entrevistadores nunca o casi nunca preguntan y que a ti te gustaría contar: por qué cambiaste de trabajo, lo que aprendí en cada uno, lo que más me gustó de cada puesto, lo que estoy buscando ahora...

- Cuarto y último objetivo: conseguir relevancia. Puedes incluir desde un álbum con tus fotos que más te gusten, hasta un historial deportivo, un árbol genealógico o todo lo que creas que te define como persona. Obviamente, estoy hablando de una orientación profesional para la búsqueda de trabajo... no cuentes «trapos sucios» ni exhibas debilidades. El blog puede convertirse en una forma de ganar relevancia publicando con frecuencia post relacionados con tu sector. Es una forma de demostrar que sabes tanto como para compartirlo.

Imagínate que, en una entrevista de trabajo, te dicen que buscan a alguien con sensibilidad por la ecología. Todos los candidatos podrán decir que sí, que les interesa mucho, el entrevistador podrá creérselo o no, pero muy pocos podrán decir: «Entre en mi blog, verá cómo participé en la limpieza del *chapapote*...». Puede ser un golpe de efecto definitivo.

He tratado de contarte todas o al menos muchas de las ventajas que ofrece Internet para alguien que, como tú y como yo, está o ha estado en el paro. No te vuelvas loco, ve paso a paso, no te emborraches y quieras hacerlo todo. Comienza por donde lo veas más claro, por donde te sientas más seguro, por donde creas que consigues resultados, y así podrás pasar a la siguiente fase: la entrevista de trabajo.

14
LA ENTREVISTA DE TRABAJO, ESA GRAN DESCONOCIDA

> Siempre que te pregunten si puedes hacer un trabajo, contesta que sí y ponte en seguida a aprender cómo se hace.
>
> FRANKLIN DELANO ROOSEVELT

Ha llegado la hora de la verdad. Desde que te despidieron, no has dejado de esforzarte para llegar a este momento. El momento en que alguien que tiene un trabajo que ofrecer busca a la persona ideal para ese puesto. Y de ti va a depender en gran medida conseguir convencerle de que esa persona eres tú.

Los nervios, sin duda, van a ser tu peor enemigo. Y para vencerlos, nada de remedios caseros, como tomarte una tila, u otros peores, como beberse un par de copas. ¡Olvídalo! La mejor forma de evitar los nervios es preparar bien la entrevista, para tener la tranquilidad de que vas a hacerlo bien. Y a eso vamos a dedicar todo este capítulo.

Un día recibirás una llamada, una carta o un correo donde te proponen una cita para la entrevista de trabajo. ¡Enhorabuena! Esto marcha. Primeras consideraciones: acepta la fecha y no trates de cambiarla salvo en casos de fuerza mayor, y, no te olvides, confirma la cita. Cuando la entrevista se propone con carta o correo, si no hay confirmación, a veces no cuentan contigo. Y no sería un buen principio presentarte allí por sorpresa.

No conviene olvidar que, según los casos, pueden hacernos una entrevista previa por teléfono, por lo general, para confirmar los datos del currículum. No es muy habitual en España, pero conviene estar preparado. Si te sucede así, con la excusa de que vas a ponerte cómodo, bajar la televisión o mandar callar a los niños, busca tu CV y tenlo enfrente durante la entrevista. Pero tranquilo, insisto en que esta modalidad es muy poco habitual.

Ya hemos hablado antes del trabajo previo al CV y, en el caso de la entrevista, ese trabajo previo es aún más importante. Conocer bien la empresa que nos entrevista, su situación, sus fortalezas y debilidades, su estrategia pasada y presente, puede marcar diferencias frente a otros candidatos. Imagínate la situación: tu entrevistador te va a contar a qué se dedica la empresa y tú contestas con un cortés: «La conozco, sé de su expansión en Latinoamérica y su brillante resultado en el último ejercicio. Es una de las razones por las que me gustaría trabajar aquí». ¡Toma ya! Acabas de ganar, quizá no la guerra, pero sí la primera batalla. Cuidado, eso sí, con el tono, no te pases de listo.

También es bueno que antes cojas tu CV tú mismo y/o alguien de tu confianza y busquéis puntos débiles. Identifícalos y prepara las respuestas a preguntas tales como: «Con treinta años, ¿cómo no tienes permiso de conducir?», «¿Tu nivel de inglés es sólo medio después de trabajar diez años en una multinacional?», «¿Por qué no terminaste tu carrera?» «A tu edad, ¿por qué sigues viviendo con tus padres?». Y prepara las respuestas que conviertan la debilidad en fortaleza: «Soy consciente de mis limitaciones: hablo cuatro idiomas, pero no soy bueno al volante», «Estuve tan centrado en multiplicar las ventas por cinco que no tuve tiempo de estudiar», «Dejé los estudios porque me surgió una fantástica oportunidad laboral muy pronto», «Mis padres necesitan cuidados y quiero asegurarme de que los reciben». En definitiva, estudia tus debilidades y prepara tus contestaciones, siendo positivo y modesto, jamás agresivo... pero «sin cortarte» demasiado.

Siguiendo con el trabajo anterior a la entrevista, una de las tareas es decidir cómo nos vestimos. En este asunto hay una regla de oro: sé discreta/o, no te vistas de forma llamativa. En cuanto a la «etiqueta», mejor pasarse que quedarse cortos. Es decir, mejor que vayas con traje y corbata (ellos) o traje de chaqueta (ellas) y que tu entrevistador lleve vaqueros, que lo contrario.

Elije la ropa pensando en que debes sentirte cómodo. Por ejemplo, en el caso de los varones, si no tienes costumbre de llevar corbata y vas a estar toda la entrevista pasándote el índice por el cuello y haciendo movimientos con la cabeza, valora ir con chaqueta pero sin corbata. Sin embargo, insisto, pocos inventos: prohibidas zapatillas deportivas, vaqueros, minifaldas, colores chillones y cosas parecidas. Para cerrar el tema del aspecto personal, conviene recordar que si eres chico hay que ir bien afeitado y si eres chica, discretamente maquillada.

Nos vamos acercando al momento clave. ¡No

se te ocurra llegar tarde! Cosas así pueden costarnos, incluso, la posibilidad de hacer la entrevista. Ve con tiempo y te das una vuelta por allí; o, mejor aún, te tomas un vaso de agua, vas al baño (¿te imaginas con ganas de ir al servicio en plena entrevista?) y haces una última comprobación de tu aspecto.

Por supuesto, ve solo. Eso de ir con tu novia, tu madre o un amigo no es serio. Lleva tu CV en papel (un par de copias, nunca se sabe) y soporte digital. Si usas gafas de sol, guárdalas antes de la entrevista.

Antes de entrar en detalle, déjame que te diga la que, en mi opinión, es la clave de todo esto: ser positivo. Suena muy «tántrico», pero tanto las energías positivas como las negativas son contagiosas. Entra en la entrevista con paso firme, con convicción de que eres muy bueno, de que te mereces ese puesto de trabajo y de que lo vas a demostrar. Es más difícil mantener esa determinación en la decimocuarta entrevista que en la primera, pero es igual de importante en todas.

Las entrevistas de trabajo, como las carreras de coches o motos, tienen tres fases:

La primera, el arranque. No es crucial, pero sí importante; con una buena salida no ganas la carrera, pero con una mala puedes perderla. En esta primera fase de la entrevista, superado el saludo, es un tanteo para conocerse mutuamente el entrevistador y el entrevistado, y es frecuente que se hable de banalidades.

La segunda, la entrevista de trabajo en sí misma. En una carrera, las vueltas que van desde la salida hasta la última vuelta. En un momento dado, el entrevistador cambiará el paso y, con algo tan simple como un «por cierto, he leído en tu currículum que...», dará paso al meollo de la entrevista. En esta fase, tú vas a hablar más que el entrevistador. Lo contrario, sería muy malo. En un momento dado, puedes hacer alguna pregunta referente a la empresa, pero sin «cortar» al entrevistador. Lo más corriente es que éste comience por las cuestiones de menor implicación personal (comprobaciones acerca de tu CV y tu formación académica) y acabe entrando en detalles acerca de tus trabajos anteriores, de tus éxitos y fracasos.

La tercera fase, la despedida. ¡Ojo! Según haya ido la entrevista, en esta fase final todavía podemos cambiar las cosas para bien, pero muy especialmente para mal. Siempre es el entrevistador el que decide cuándo se acaba, pero salvo que te lo digan expresamente, pregunta cuál es el siguiente paso. Debemos despedirnos de una forma cordial, dando la imagen de que ha sido una conversación agradable. Si de verdad para ti lo ha sido, es muy buena cosa.

Pero te voy a dar unos cuantos consejos para que la entrevista sea un éxito. Y recuerda la tremenda importancia que tiene el lenguaje corporal en estos casos. Toma nota:

- Saluda a tu entrevistador de forma cordial, pero de modo convencional.
- Sé simpático, próximo, natural, trata de crear un clima agradable desde el primer instante.
- Desde el momento en que entras, mira a los ojos. Cuando saludes, cuando estreches la mano, cuando hables, cuando te hablen, cuando te vayas: mira siempre a los ojos. No exageres tanto que acaben pensando que eres un asesino en serie. Mira a los ojos, pero sé natural.
- Recuerda: no vas a pedir limosna, vas a dar una oportunidad a la empresa de que contraten a una persona tan competente como tú.
- Muéstrate atento y educado.
- Utiliza el usted, salvo que el entrevistador te indique otra cosa. No es grave llamar de

usted a alguien que nos ha pedido que le tuteemos, pero sí es grave al contrario. En este apartado, la diferencia de edad y/o sexo no cambian nada.

- Seas hombre o mujer, sea el entrevistador hombre o mujer, saluda estrechando la mano.
- No tomes tú la iniciativa de estrechar la mano. Debe ser él o ella.
- En este caso, como en todos, se estrecha la mano con firmeza, no con fuerza. No se trata de demostrar lo «cachas» que estás.
- Espera de pie a que te indiquen que te sientes. Cuando lo hagas, toma asiento con naturalidad. Si te sientas al borde o en exceso estirado, demuestras inseguridad. Pero no te pongas «tampoco demasiado» cómodo. Insisto, una posición natural: nada de codos en la mesa si te piden que mires algo o de brazos cruzados o manos en los bolsillos.
- Guarda las distancias. Ni demasiado lejos —demuestra actitud defensiva— ni demasiado cerca —actitud agresiva y, para muchos, molesta.
- Todos aquellos gestos, acciones o palabras que demuestren nerviosismo, juegan en tu

contra. Prohibidos los tics nerviosos del estilo de frotarse las manos, juguetear con un bolígrafo y cosas así. No estés en permanente movimiento, cambiando de postura cada 10 segundos. Y, por favor, si eres de los que utiliza muletillas del estilo «¿entiendes?», «o sea», o cosas por el estilo, contrólate y no las uses por nada del mundo.

- Sé positivo, transmite sensaciones positivas. No hables mal de nadie, ni de la empresa que te despidió ni de tus ex jefes ni —aunque te suene a broma— del gobierno o de algún equipo de fútbol. No se habla mal de nadie. Punto.
- Hay otro asunto de alguna manera relacionado con el punto anterior: no seas categórico, salvo que seas muy consciente de que quieres serlo. Los «ni hablar», «nunca», «jamás», etc., se pueden volver en tu contra.
- Creo que no es necesario decirlo, pero por si acaso: ¡no fumes! Da igual que tu entrevistador lo haga, que te ofrezcan un pitillo o que seas un fumador empedernido: esa media hora debes pasarla sin fumar.
- El «peso» de la conversación lo va a llevar el entrevistador. No cambies tú de tema,

limítate a contestar a lo que te preguntan y, por supuesto, ¡no interrumpas a tu entrevistador!

- No hables demasiado... ni caigas en el extremo opuesto y contestes con monosílabos. Pero, por otro lado, ¡no te «cortes»! Si hay algo que crees que debes decir —por ejemplo «soy muy bueno trabajando en equipo», «tengo gran capacidad de liderazgo», o cosas así— pues lo dices. Es tu oportunidad y, si no la aprovechas, a lo mejor no tienes otra en esa empresa.
- Cuida tu lenguaje. No seas redicho ni vulgar. Si usas términos extranjeros, especialmente ingleses, pronúncialos en inglés, pero no abuses si hay vocablos españoles equivalentes y comúnmente utilizados.
- Si te ofrecen algo de beber puedes aceptarlo. Yo te aconsejo que tomes agua, no otra cosa, incluido el café, que requiere poner azúcar, leche, coger el plato... un lío. No te compliques la vida: agüita. Y, desde luego, el alcohol ni probarlo. Es como lo del tabaco, da igual que tu entrevistador esté tomándose un «cubata». Tú, agua.
- Piensa antes de contestar... pero no demasiado, lo que demuestra inseguridad. Con-

testa siempre la verdad, pero si surge, no desperdicies la oportunidad de mostrar tus logros.

- ¡Ojo!, no es frecuente, pero puedes encontrarte con preguntas trampa acerca de tu vida privada, usos y costumbres, tendencias políticas y cosas así. Si crees que la pregunta es una trampa o no sabes qué contestar, responde simplemente que la contestación a esa pregunta «es irrelevante» para la empresa y el puesto al que aspiras.
- Antes de despedirte, si no te lo han dicho, puedes y debes preguntar cuál es el siguiente paso. En ocasiones, salir bien de una entrevista te sirve... para tener otra, habitualmente con el jefe de tu entrevistador o con tu posible futuro jefe. Pero bueno, eso significa que has escalado un peldaño más.

Puedes pensar: «¿Y me tengo que acordar de todo esto? Pues, ¡cómo no voy a estar nervioso!». Mira, no exageres, no es para tanto. Lo que te aconsejo en las líneas anteriores no es ni más ni menos que lo que hace en una entrevista profesional cualquier persona educada, formada y con sentido común. O sea, tú. Así que tranquilo.

Bueno, ¡por fin!, ya has terminado. ¿Seguro? Pues ¡no! Cuando llegues a casa, haz un resumen de lo que has hablado, de lo que crees que has hecho bien y de lo que has hecho mal. Esto te servirá para ir mejorando en tu *profesión* de buscador de empleo.

Para terminar este capítulo, y sin ánimo de ser exhaustivo, aquí te incluyo un muestrario de las muchas preguntas que pueden hacerte, para que te sirvan de entrenamiento. Ahí van:

- Mientras estudiabas, ¿hiciste algún trabajo remunerado? ¿Sí? ¿Qué tal fue la experiencia?
- ¿Desarrollabas alguna otra actividad además de tus estudios?
- ¿En qué fila te sentabas, en las primeras o en las últimas?
- ¿Te conocían los profesores?
- ¿Conservas algún amigo de esa época?
- ¿Has pensado o piensas seguir estudiando? ¿Qué estudios? ¿Por qué motivo?
- ¿Qué carrera-estudios cursaste? ¿Por qué motivo? ¿Pensaste en otras opciones? ¿Cuáles?
- Imagina que puedes volver a tu pasado en

la universidad, ¿qué harías de manera diferente a como lo hiciste?

- ¿Cuál es tu mejor recuerdo como estudiante? ¿Y el peor?
- Además de tu carrera, ¿has ampliado tu formación con másteres, cursos de verano, seminarios, etc.?
- Aparte de ser un estudiante más, ¿tuviste alguna otra actividad en la universidad? Por ejemplo, ¿escribiste en la revista del campus, impartiste algún curso a personas de la tercera edad o cosas así?
- ¿Fue un problema para ti cambiar la vida de estudiante por la vida laboral? En caso afirmativo, ¿por qué?
- De los trabajos que has desempeñado, ¿cuál te ha gustado más y cuál menos, y por qué?
- ¿Has recurrido a las «recomendaciones» en alguna etapa de tu vida?
- En tu anterior trabajo, ¿dependías sólo de ti mismo o alguien dependía de ti?
- Cuéntame un día normal en tu anterior trabajo.
- ¿Cómo conseguiste ese trabajo?
- ¿Te sentías bien pagado en tus anteriores empresas?

- Descríbeme la situación más desagradable que has vivido en tu trabajo y cómo actuaste en ese momento.
- Ponme un ejemplo de solución imaginativa a algún problema que hayas encontrado en tu vida profesional.
- Ponme un ejemplo de algún error que cometiste y cuéntame cómo lo solucionaste.
- ¿Cómo era la relación con tus compañeros? ¿Había mucha diferencia entre la relación que tenías con tus jefes y con tus subordinados?
- ¿Había alguna diferencia en la relación con tus compañeros en función de su sexo?
- ¿Cómo crees que deben ser las relaciones entre un jefe y su colaborador más próximo?
- ¿Has tenido algún jefe al que admirases? ¿Por qué? ¿Sigues en contacto con él? ¿Y alguno al que odiases? ¿Por qué?
- ¿Cómo sería tu jefe ideal?
- ¿Cómo te enteraste de la existencia de este puesto?
- ¿Conoces nuestra empresa? ¿Te gusta? ¿Por qué?
- ¿Te gusta que tu trabajo sea previsible o no

tienes problemas en tener que adaptarte cada día?

- ¿Es un problema viajar?
- ¿Te has marcado objetivos a largo plazo? ¿Cuáles?
- En tu opinión, ¿cuáles serían tus puntos fuertes en este trabajo? ¿Y los débiles?
- ¿Crees que reúnes las cualidades para tener éxito en este trabajo? ¿Sí? ¿Cuáles son, según tu opinión, esas cualidades?
- Si por todos los trabajos se pagase lo mismo, ¿qué te gustaría hacer?
- ¿Supone para ti algún problema realizar cursos de formación a cargo de la empresa?
- ¿Te gusta el trabajo en equipo? ¿Tienes experiencia en este sentido? ¿Cuál?
- En el mundo laboral, ¿te consideras líder o seguidor?
- Y si te consideras líder, ¿por qué?
- ¿Qué tipo de empresa te gusta y por qué?
- ¿Cuál o cuáles crees que son tus ventajas frente a otros candidatos?
- ¿Te estás presentando a otros procesos de selección? ¿Todos del mismo sector o buscas trabajos en varios sectores?
- ¿Podemos tener referencias tuyas? ¿De qué

empresa y de qué cargos dentro de esa empresa?

- ¿Puedes incorporarte al trabajo de forma inmediata?
- ¿Hablas en tu casa de temas de trabajo? ¿A menudo? ¿Con quién?
- Cuéntame algo que defina tu carácter.
- ¿Qué tipo de personas y qué tipo de situaciones te sacan de tus casillas?
- ¿Eres capaz de definir tu personalidad en tres o cuatro palabras?
- ¿Crees que me has impresionado en esta entrevista? ¿Sí? ¿Por qué? ¿No? ¿Por qué?
- ¿Vives solo? ¿Con tus padres? ¿Con tu pareja?
- ¿Tu domicilio está lejos de esta empresa?
- ¿Conduces? ¿Te consideras buen conductor? ¿Tienes coche y/o moto propios?
- ¿Qué opinan en tu casa de este trabajo?
- ¿A qué dedicas tu tiempo libre?
- ¿Qué libro estás leyendo ahora? ¿Qué te ha parecido? ¿Qué libro te ha gustado más?

Aquí tienes algunas preguntas reales que pueden hacerte, o muchas parecidas a éstas. Y seguro que estás pensando: «¿Por qué me dice cuáles son las posibles preguntas, pero no cuáles son las respuestas correctas?». Por dos motivos.

El primero: hay que responder de forma sincera, por lo que debes decir la verdad aunque creas que te perjudica. El entrevistador lo agradecerá (nadie es perfecto), dará credibilidad a otras respuestas que te favorecen... y, de todos modos, si mientes y te contratan, te acabarán pillando.

El segundo motivo es porque, según el trabajo y tus características personales, la respuesta correcta puede ser una u otra.

Hay preguntas trampa, por ejemplo: «¿Tratas a tus compañeros de forma diferente en función de su sexo?». Aparentemente la contestación correcta es un simple y tajante «No». Pero si eres chico, qué te parecería responder: «En lo esencial no, pero, por mi educación, con las mujeres soy más cuidadoso con mi lenguaje y más caballeroso en mi comportamiento». Ya te digo, en función del tipo de empresa, de tu entrevistador, de tu propio aspecto, la respuesta más correcta puede ser una u otra.

Para terminar, un último consejo: tan importante es causar buena impresión y darte a conocer, como captar la forma de ser y las preferencias de tu entrevistador. Una entrevista de trabajo es, entre otras cosas, un duelo de «inteligencia emocional». Te desearía suerte, pero créeme, no es cuestión de suerte.

15
¿Y SI ME HAGO EMPRESARIO?

> Creo que si tienes talento y técnica deberías seguir adelante por tu cuenta y pasar a ser el dueño de tu propio destino.
>
> GEORGE LUCAS

Hay tres formas de llegar a ser empresario: por vocación, por convicción... o por desesperación (o necesidad, que es lo mismo). Es posible que no tengas vocación de empresario. No es grave.

Pero si después de meses y meses, o años, de buscar empleo no lo encuentras, puede que llegues a plantearte crear tu propia empresa. En mi opinión, éste no es el camino.

Luego está la tercera posibilidad, la convicción. Investiga, pregunta por ahí, entra en Internet, habla con amigos empresarios, lee este capítulo... y convéncete de que, como dice George Lucas, tienes el talento para ser dueño de tu propio destino.

No nos engañemos y no te dejes engañar. A pesar de la crisis, a pesar de lo que oigas por ahí, a pesar de lo que te digan algunos, montar una empresa nunca ha sido tan fácil... lo que no quiere decir que sea sencillo. Necesitas una idea, pero aunque ahora te lo parezca, tener una buena idea no es lo más importante. Y pensarás: «Pues entonces, ¿qué es lo más importante?». Te lo digo, hay dos cosas más importantes: no dejar de creer en esa idea en ningún momento y elegir bien a tus compañeros de viaje.

Tener las ideas claras, o mejor dicho, tener «La idea» clara, es muy importante, porque, por muy bien que se te den las cosas, habrá momentos duros, difíciles, de desánimo, en los que tengas dudas. Lo más difícil es perseverar.

Elegir tus compañeros de viaje puede convertir tu aventura en una experiencia inolvidable o en una experiencia para olvidar. El equipo en general, no sólo tú y tus socios si los hay, es una de las partes más importantes —¿quizá la más?— de un negocio que nace.

Realmente «La idea» es la piedra angular, los cimientos, de tu futura empresa. Y, en mi opinión, esa idea tiene que cumplir tres requisitos básicos.

Primer requisito: Uno obvio, que sea posible. Hay ideas que pueden parecer buenas, pero como dice una buena amiga: «Lo que no puede ser no puede ser y, además, es imposible». Aunque un capítulo de este libro te recuerde la frase de Walt Disney: «Si se puede soñar, se puede hacer», ésa es una forma de decirte que no te ponga barreras, pero si quieres ser empresario *sueña* con los pies en el suelo. Una empresa de viajes al futuro sería un buen negocio, pero no es posible.

Segundo requisito: Que sea innovadora. Puedes poner el enésimo bar de tu zona con el convencimiento de que tus vecinos son unos crápulas y que hay negocio para todos. Pero busca la forma de dar algo nuevo o distinto, de ofrecer un valor añadido respecto al resto.

Tercer requisito: Que sea rentable. Es, en realidad, el primer requisito. Un amigo mío montó una página web que hizo con mucho esfuerzo (era posible), que no tenía competencia ni ninguna otra que se le pareciese (era innovadora), pero jamás consiguió ganar un solo euro. Hay que pensar que el fin último de las empresas es ganar dinero, y que si montamos una es para eso.

Hay otro error muy frecuente, y es pensar que

mientras montas una «empresita» puedes seguir buscando trabajo o haciendo cursos de formación o dedicándote a tus hobbies... ¡olvídalo! Montar una empresa es un trabajo duro, muy duro, que requiere mucho esfuerzo, mucha fuerza de voluntad y dedicación a tiempo completo. Es más, al principio vas a tener que renunciar a muchas cosas, pero valdrá la pena.

Ser empresario tiene muchos inconvenientes. Cuando la empresa en la que trabajas es tu empresa, es difícil «desconectar», asumes muchos riesgos, nunca hay límite de horario, si tienes empleados, tienes una gran responsabilidad, y un error grave puede costarte mucho más que tu puesto de trabajo.

Pero también tiene ventajas y, para mí, las más importantes son que no tienes jefes, que trabajas para ti, que eres dueño de tu tiempo y, al menos en mi caso, me sirvió para recuperar la ilusión por mi trabajo.

No puedo dejar de recordar una anécdota que me contó un amigo que, tras ocupar un importante cargo en una multinacional, creó una consultoría por su cuenta. Le pregunté qué consideraba más duro en el arranque de su negocio y me dijo: «La sensación de estar solo ante el peligro. Si la impresora no imprime, no hay servicio de informática al que llamar; si hay que comprar un billete de avión, no hay departamento de compras que lo haga; y si hay que enviar una carta certificada, te toca a ti ir a Correos. La típica frase de "Hay que hacer"... significa "Tengo que hacer"...».

Crear una empresa es complicado, duro y exigente. Vivirás intensamente las «peleas» —espero que siempre con comillas— con banqueros, notarios, socios, clientes, proveedores, subordinados y un largo etcétera. Además, las empresas son como los niños: a medida que crecen y se hacen grandes, los problemas crecen y se hacen grandes también.

Si después de llegar hasta aquí y haber leído lo que has leído, sigues con la idea de crear una empresa y has decidido que éste puede ser tu camino, ¡adelante! Yo te he preparado también unas «reglas de oro» para el buen emprendedor. Son éstas:

1. Ten paciencia. Sé prudente y comienza poco a poco. No tengas demasiada prisa, reflexiona, piensa cada paso que das, date tiempo... y todo esto te lo dice alguien que no tiene ninguna paciencia y que, por eso mismo, sabe lo que se sufre cuando se

quiere ir demasiado deprisa. Tómate tu tiempo.

2. Confía en tus posibilidades. Hasta que no estés seguro del proyecto, no te embarques en él. Analiza tu idea desde todos los puntos de vista, pero una vez que estés decidido a empezar a caminar, ya sabes: retrocede sólo si es para *tomar carrerilla*.
3. Busca ayuda profesional. Abogados, notarios, asesores, etc., son profesionales que pueden echarte una mano y allanar un poco el camino. ¿Que te pueden costar algún dinero? Sin duda, pero también pueden ayudarte a ahorrar mucho.
4. Planea bien tu negocio. Estudia el sector, busca información de empresas con similar actividad, investiga cómo les va y qué valor añadido va a tener la tuya respecto a otras que ya existen. Y si no hay ninguna, trata de averiguar las causas. Acuérdate de la «Navaja de Occam» o «Principio de la parsimonia»: en igualdad de condiciones, la solución más sencilla es probablemente la correcta. Si estás en España y oyes sonido de cascos, es más probable que sean caballos que cebras. Si no lo ha hecho nadie antes que tú, hay dos explica-

ciones: o eres un genio o no es negocio. Piénsalo bien.

5. Abre tu mente. Esta «Regla» parece que va en contra de la anterior. Pero no es así. Lo que te quiero decir es que no pienses en lo obvio. Si trabajabas en una empresa de importación, no tienes por qué crear una empresa de importación. Puedes montar una consultoría, dedicarte a la informática, poner un restaurante de comida rápida o una tienda de motos. A eso me refiero.
6. Deja las cosas claras con tus socios desde el primer día. Si montas la empresa tú solito, no leas esto. En caso contrario, ten en cuenta que, para bien de tu empresa, de tu salud, de la salud de tu/s socio/s, es mejor dejarlo todo muy claro desde el principio. Creo a pies juntillas en la «inteligencia emocional», en la intuición y en las personas. Una vez, puse a la venta un coche, y un día vinieron tres a probarlo. A dos se lo dejé sin pedirles un documento ni nada parecido. Al tercero le pedí el DNI. Mi mujer me preguntó que por qué, que lo suyo sería pedir el DNI a todos. La respuesta es porque mi instinto me decía que me podía fiar. Y mi instinto no me ha fallado nunca,

o casi nunca. Pero a pesar de todo, no puedo dejar de aconsejarte que dejes todo muy claro, por escrito y asesorado por un abogado. Si es el mismo para los dos mejor. Si es uno para cada socio, los abogados pueden convertir un acuerdo en una demanda si no tenéis cuidado.

7. Alguien debe mandar. Ésta es una de las cosas complicadas y que hay que dejar clara desde el principio. Queda muy bonito eso de tomar las decisiones «colegiadas» con tus socios, pero ya te adelanto que no tiene futuro. Hay una solución para evitar que uno sea el jefe de los demás: responsabilizar a cada cual de una área concreta. Está claro que las grandes decisiones se toman juntos, pero en el día a día es mejor que haya responsables, si no no tendrás agilidad y, en cambio, sí tendrás problemas.
8. No confundas lo justo con lo razonable. Lo justo es una opinión que puede ser distinta para cada uno. Lo razonable presupone una mayor facilidad para encontrar un punto de encuentro.
9. Dedícate en cuerpo y alma. Si crees en ella, dedícate a tu empresa y sólo a tu empresa.

Y si no te la crees, no te dediques a eso. Aquí no hay medias tintas.

10. Invierte lo mínimo, ahorra lo que puedas, ingresa lo máximo. Ésta es una regla de oro. Como me dice uno de mis actuales socios: «Para gastar dinero siempre hay tiempo». Haz un buen plan de negocio y procura no llevar a cabo una inversión excesiva. Si montas un restaurante, no hay más remedio que invertir, pero no tires el dinero. A lo mejor, no necesitas una furgoneta nueva y rotulada, y te vale con una de segunda mano o tu coche particular para ir de compras. Y si montas una oficina en la que no vas a recibir visitas, valen las sillas que tenías por ahí, la mesa que te ha dado tu hermano, etc. Eso sí, hay cosas en las que no se debe escatimar: si vas a pasar muchas horas en el ordenador, una buena silla, un buen equipo informático, líneas de teléfono y aparatos adecuados; y, dependiendo del negocio, otras cosas más.
11. Revisa las cuentas personalmente. Todas. Si hay un socio responsable de este apartado, debes hacerle entender que confías en él, pero que cuatro ojos ven más que dos. Te cuento otra anécdota: uno de mis

mejores amigos, de ABSOLUTA confianza, me dio un dinero que me debía. Yo me lo guardé y él insistió en que el dinero hay que contarlo. Yo insistí en que tenía absoluta confianza en él y no era necesario. Pero mi amigo, empresario a la sazón, insistió e insistió... Lo conté... y faltaba bastante dinero. Se puso colorado como un tomate y se deshizo en explicaciones innecesarias. Luego nos contó que su mujer había cogido parte del dinero por error. Tengo claro que nunca tuvo intención de engañarme, pero ¿te imaginas qué hubiese pasado si no lo cuento? Las cuentas claras: es mejor para todos.

12. Todos los negocios conllevan un riesgo. Hazte a la idea de que el mundo de la empresa no es una ciencia exacta. Debes ser capaz de evaluar los riesgos, no sólo económicos, sino de desgaste personal y de desgaste de tus «contactos» y amigos. Siempre oigo que, cuando te despiden, en el sector donde has trabajado, en especial si llevas muchos años, tienes un «crédito». Mucha gente te va a apoyar en un principio por amistad y confianza, pero eso tiene un límite. Si confían y apuestan por ti y

pierden, quizá tengas una segunda oportunidad. Pero no muchas más. Lógico, ya que deben dar explicaciones a sus jefes, a sus socios, o están arriesgando su propio dinero. No quemes a tus contactos y a tus amigos.

13. Eres pequeño: puedes arriesgar. Otra aparente contradicción. Esta regla no desdice la anterior, porque en el mundo de los negocios hay blanco, hay negro y hay una infinita cantidad de grises. Las empresas grandes, las que ya tienen una actividad muy clara, un equipo de personas, unas instalaciones... tienen mucho que *defender* y no suelen asumir riesgos ni iniciar aventuras. Ahí es donde tú tienes una oportunidad.

Llegados a este punto, yo te aconsejo que tú, solo o con tus socios, prepares un documento que sea un resumen de tu proyecto: nombre, en qué consiste el negocio en sí, qué objetivos quieres alcanzar, cuál es el papel de cada uno de los socios... Más adelante podrás incluir el plan de inversiones y tesorería.

MUY IMPORTANTE. No te olvides de Internet, compra el dominio (si puedes el .es y el .com por lo menos), registra tu e-mail con el nombre de la empresa y todos esos pequeños detalles. Todo eso viste, es práctico y, si lo dejas para el final, encontrarás que alguien se te ha adelantado. Es más, quizá sea mejor comenzar por registrar los dominios y luego el nombre de la empresa. Y te digo el motivo: con los dominios es difícil hacer trampas, pero no con el nombre de la empresa, en este caso, sí hay recursos; por ejemplo, si tu empresa se llama «Construcciones Bernárdez» y está ocupado, puedes registrar «Construcciones Bernárdez e hijos» o «Construcciones Especiales Bernárdez» y luego poner en tus tarjetas o en tus anuncios lo que sobra en pequeñito. Te pongo un ejemplo práctico: ¿Te has fijado que en el diario *El Mundo* figura en pequeño «*del siglo XXI*»? Supongo que no te tengo que explicar el porqué.

Ya tenemos decisión, socios, idea, nombre, registros y muchos consejos. Sólo nos falta un pequeño detalle: dinero. Y lo primero que tenemos que saber es de cuánto estamos hablando. Necesitas un plan de negocio o un *business plan*, que es lo mismo pero suena más *cool*.

Para una primera aproximación, salvo que tu negocio sea grande y complejo, no necesitas grandes conocimientos económicos, sino mucho sentido común y previsión. Por un lado, prepara un cálculo anual y una previsión de tres años, calcula los gastos fijos (alquiler, sueldos, etc.) y haz una previsión de variables (teléfono, electricidad, etc.). Por otro lado, calcula las inversiones y compras que puedes hacer (maquinaria, mobiliario, informática), pero que también puedes amortizar.

Tienes que hacer una previsión de ingresos. Siempre es más fácil controlar los gastos que los ingresos, así que, para hacerlo fácil, prepara una base fija para los gastos y tres escenarios para los ingresos: optimista, medio y pesimista. En este punto, un consejo: no te hagas trampas al solitario. Si el plan pesimista es insoportable para tu situación, no te metas en el lío.

El plan de negocio «medio» debe ser razonable tirando a prudente, el pesimista te debe garantizar que puedes aguantar si las cosas van mal (dentro de lo previsible, si hay un tsunami, ni tu negocio ni ninguno aguantará) y el optimista debe servirte de acicate para ver hasta dónde puedes llegar si todo va bien.

Para preparar tu plan de negocio ten en cuenta lo que se llama «desfases de tesorería». ¿Qué es eso? Pues lo de siempre, tú pagas al contado y en cambio luego cobras a 30, 60, 90 o «nosecuántos» días. Si tu negocio es un bar o una peluquería, eres afortunado, no tienes este problema.

Bueno, ya sabemos el dinero que necesitamos. Y también qué parte de ese dinero puedes poner: todo, la mitad o nada. Si es nada, no lo des por perdido: hay que buscar financiación, pero merece la pena intentarlo.

Según tu caso, una fuente de financiación, modesta desde luego, es la capitalización del paro. Según sea tu empresa, cambian las condiciones y requisitos, así que lo mejor es que dediques un par de horas a ir a una oficina del INEM y enterarte de cómo puedes hacerlo tú en particular.

Hay un montón de formas jurídicas para crear una empresa, pero básicamente se dividen en dos: las que son personas «físicas» como tú y como yo, y las llamadas personas «jurídicas». Un amigo mío me lo explicó de una forma muy sencilla: todas son «personas», con derechos y deberes, con una diferencia, que tú eres tú (¡gran razonamiento!) pero tu sociedad, si es una persona jurídica, no eres tú, es «otra persona». Esa otra persona tiene derechos, deberes, paga a Hacienda, cobra, etc. pero de forma independiente. Hay unos propietarios y accionistas que son responsables, pero que a su vez son personas físicas y, como tales, tienen sus propios derechos y deberes al margen de la empresa.

Te voy a dar detalles de los tipos de empresas y sociedades más importantes con algunos de los rasgos que las definen.

PERSONAS FÍSICAS

EMPRESARIO INDIVIDUAL
Número de socios: 1.
Capital mínimo: No existe mínimo legal
Responsabilidad: Ilimitada
Régimen de Seguridad Social: Autónomo
Régimen fiscal: IRPF

SOCIEDAD CIVIL
Número de socios: Mínimo 2
Capital mínimo: No existe mínimo legal
Régimen de Seguridad Social: Autónomo
Régimen fiscal: IRPF
Hay aportación de capital

COMUNIDAD DE BIENES
Número de socios: Mínimo 2
Capital mínimo: No existe mínimo legal
Régimen de Seguridad Social: Autónomo
Régimen fiscal: IRPF
No hay aportación de capital sino de bienes.

PERSONAS JURÍDICAS

SOCIEDAD LIMITADA (SOCIEDAD MERCANTIL)

Número de socios: Mínimo 1
Capital mínimo: 3.006 euros
Régimen de Seguridad Social: Régimen general o autónomo
Régimen fiscal: Impuesto de sociedades

SOCIEDAD LIMITADA (NUEVA EMPRESA)

Número de socios: Máximo 5
Capital mínimo: de 3.012 euros a 120.200 euros
Régimen de Seguridad Social: Autónomo
Régimen fiscal: Impuesto de sociedades

SOCIEDAD ANÓNIMA (SOCIEDAD MERCANTIL)

Número de socios: 1
Personalidad: Personas jurídicas
Capital mínimo: 60.102 euros
Régimen de Seguridad Social: Régimen general o autónomo
Régimen Fiscal: Impuesto de sociedades
Legislación básica: RD Leg. 1564/89 de 22 de diciembre

SOCIEDAD LABORAL (SOCIEDAD MERCANTIL ESPECIAL)
Número de socios: Mínimo 3
Capital mínimo: 60.102 euros (SAL); 3.005 euros (SLL)
Régimen de Seguridad Social: Régimen general o autónomo
Régimen fiscal: Impuesto de sociedades

SOCIEDAD COOPERATIVA (SOCIEDAD MERCANTIL ESPECIAL)
Número de socios: Mínimo 3
Personalidad: Personas jurídicas
Capital mínimo: Fijado en los Estatutos
Régimen de Seguridad Social: Régimen general o autónomo
Régimen fiscal: Impuesto de sociedades

Cuál es la más adecuada a cada caso se escapa de la intención y las posibilidades de este libro. Tienes que consultar a tu gestor y / o tu abogado, contarle tu idea, tu plan, cómo estás «dibujando» tu empresa y que él te aconseje. Yo te he querido dar pistas y un «lustre» para que, cuando vayas, parezca que sabes.

Y, antes de lanzarte, por muy pequeña que vaya a ser tu empresa, elabora un plan de publicidad y marketing. Ese plan puede incluir desde publicidad en televisión (aunque sea en cadenas locales) hasta un simple buzoneo. Pero no dejes nada al azar. Para un «simple» buzoneo, el diseño del «prospecto», como decía mi padre, o del *flyer* como se dice ahora, es clave, y marcará la diferencia entre que vaya a la papelera o que se lo lean. No dejes nada al azar. Y suerte.

PRIMER APÉNDICE
Y AHORA, UN POCO DE AYUDA LOGÍSTICA

> En los momentos de crisis, sólo la imaginación es más importante que el conocimiento.
>
> ALBERT EINSTEIN

Aquí vas a encontrar respuestas a algunas de tus preguntas acerca de los derechos que tienes. Y también te cuento algunos de los pasos, documentos, gestiones y posibles acciones que puedes llevar a cabo en tu nueva vida de parado. Pero nunca olvides que tu imaginación es tu herramienta más útil.

Como te he comentado en repetidas ocasiones a lo largo de este libro, vas a tener bastante lío, al menos los primeros días. A continuación, he tratado de orientarte para aquellos casos y situaciones más habituales. En las oficinas del INEM te darán, previa larguísima cola y / o espera, todas las explicaciones que necesites. Yo te recomiendo encarecidamente que antes de ir allí consultes a personas que ya tengan experiencia, a tu abogado y, especialmente, navegues por la web del INEM y en muchas otras. Te ahorrarás tiempo y largas esperas.

Éstas son algunas de las dudas que puedes tener:

Requisitos para acceder a la prestación de desempleo si has trabajado más de un año.

- Estar afiliado y en situación de alta en la Seguridad Social, en un régimen que contemple la contingencia por desempleo.
- Estar en *situación legal de desempleo.*
- Suscribir un *compromiso de actividad.*
- Tener cotizado por desempleo un período mínimo de 360 días dentro de los seis años anteriores a la situación legal de desempleo.
- No haber cumplido la edad de jubilación.
- No estar incluido en alguna de las causas de incompatibilidad.

Requisitos para acceder a la prestación de desempleo si has trabajado menos de un año.

- Estar en *situación legal de desempleo.*
- Suscribir el *compromiso de actividad.*
- Tener cotizados, en un régimen de la Seguridad Social que contemple la contingencia de desempleo, al menos tres meses si tienes *responsabilidades familiares,* o seis meses si no las tienes.
- *Carecer de rentas* superiores al 75 por ciento del salario mínimo interprofesional.
- Si has estado empleado a tiempo parcial, tienes que aportar los contratos en los que se refleje el número de días de trabajo.

Sobre la capitalización de la prestación de desempleo.

Esta opción supone poder cobrar parte de tu subsidio de desempleo por anticipado. Es posible activar esta opción en cualquier momento. Si te das de alta como autónomo, puedes cobrar el 60 por ciento por adelantado y el otro 40 por ciento lo recuperarás a través de la devolución de los módulos de autónomos (primero pagas, luego te lo devuelven, ¡son así de complicados estos chicos del INEM!).

Para ello, los pasos son los siguientes:

1. Presentas la solicitud de la capitalización en la oficina del INEM que te corresponda. Hay que llevar cumplimentado el impreso de «Pago único de la prestación contributiva» y un documento llamado «Memoria explicativa del proyecto de inversión», en el que reflejes en qué vas a emplear ese dinero.
2. Hacerte autónomo. Esto hay que hacerlo DESPUÉS, no antes.
3. Presentar el alta como autónomo en el censo empresarial.
4. Presentar copia del primer recibo de pago como autónomo.

¡Ojo!, si en menos de dos años vuelves al paro, cobras las cantidades que te queden pendientes. Pero si pasan más de dos años, LAS PIERDES.

¿Qué necesito para pedir la prestación por desempleo?

Recuerda que tienes que solicitar la prestación de desempleo en la oficina del Servicio Público de Empleo Estatal (o sea, del INEM) que te corresponda por tu domicilio (eso lo buscas en la web) y tienes que llevar lo siguiente:

- Impreso de «Solicitud de la prestación contributiva». Lo puedes bajar de www.inem. en la pestaña donde pone «descargas» (podría poner impresos o algo más intuitivo, pero no, pone lo que te digo).
- DNI si eres español y pasaporte o tarjeta de identidad si eres extranjero.
- Certificado de empresa, que te lo dan al despedirte.
- Si tienes hijos o familiares a tu cargo, libro de familia o documento equivalente en caso de extranjeros.

¿Y cuándo comienzo a cobrar?

Teóricamente, empiezas a cobrar desde el día siguiente a la situación legal de desempleo, siempre y cuando presentes la solicitud a tiempo (quince días hábiles siguientes a tu despido, contando con las vacaciones).

Se cobra el día 10 de cada mes.

SEGUNDO APÉNDICE
UN POCO MÁS DE INFORMACIÓN

No te voy a aburrir, pero déjame unas líneas más para compartir contigo algunas páginas web que me han gustado y que pueden ser de tu interés.

www.infojobs.net
www.inem.es
www.gipe.ua.es
www.TasaDeParo.com
www.forodetrabajo.es
www.infoempleo.com
www.trabajos.com
www.oficinaempleo.com
www.cv-resume.net
www.monster.es
www.trabajar.com
www.adecco.es
www.redtalent.com

www.hudson.com
www.hays.es
www.globally.es
www.nexus.uanl.mx
www.nations-group.com
www.tecnoempleo.com
www.infoempleo.com
www.linkedin.com
www.facebook.com
www.twitter.com
www.mir.es
www.mae.es

TERCER APÉNDICE
CHISPAZOS DE INTELIGENCIA

Hay algunas citas y frases célebres que creo que también pueden aportar algo a una situación así. Ahí van.

> La aventura podrá ser loca, pero el aventurero ha de ser cuerdo.
>
> GILBERT KEITH CHESTERTON

> Reírse de todo es propio de tontos, pero no reírse de nada, lo es de estúpidos.
>
> ERASMO DE ROTTERDAM

> Hay gente tan inteligente que aprende de la experiencia de los demás.
>
> FRANÇOIS MARIE AROUET VOLTAIRE

La imaginación y la experiencia van de la mano. Solas, no andan.

José Ingenieros

Imposible significa que no has encontrado la solución.

Henry Ford

Hay gente que se pasa la vida haciendo cosas que detesta, para conseguir dinero que no necesita y comprar cosas que no quiere, para impresionar a gente que odia.

Emile Henry Gauvreay

A la larga, lo que no es difícil no nos gusta.

Voltaire

En las adversidades sale a la luz la virtud.

Aristóteles

Tanto si piensas que puedes, como si piensas que no puedes, estás en lo cierto.

Henry Ford

He fallado una y otra vez en mi vida, por eso he conseguido el éxito.

MICHAEL JORDAN

Sólo cerrando las puertas detrás de uno se abren ventanas hacia el porvenir.

FRANÇOISE SAGAN

Me interesa el futuro, porque es el sitio donde voy a pasar el resto de mi vida.

WOODY ALLEN

La mayoría de las personas gastan más tiempo y energías en hablar de los problemas que en afrontarlos.

HENRY FORD

Ser mejor equivale a haber cambiado muchas veces.

NEIL GAIMAN

El genio comienza las grandes obras, pero sólo el trabajo las acaba.

JOSEPH JOUBERT

Que hablen mal de uno es espantoso. Pero hay algo peor: que no hablen.

OSCAR WILDE

Las oportunidades son como los amaneceres: si uno espera demasiado, se los pierde.

WILLIAM GEORGE WARD

La diferencia entre lo posible y lo imposible está en la determinación de la persona.

TOMMY LASORD

El coraje es resistencia al miedo, dominio del miedo, no ausencia de miedo.

MARK TWAIN

Se pone demasiado énfasis en el éxito y en el fracaso y muy poco en cómo la persona progresa a través del esfuerzo. Disfruta del viaje, disfruta cada momento y deja de preocuparte por la victoria y la derrota.

MATT BIONDI

Es la manera como tratas tus fracasos lo que determina la manera como consigues tus éxitos.

D. FEHERTY

Habla cuando estés enfadado y harás el mejor discurso que tengas que lamentar.

AMBROSE BIERCE

Internet es positivo porque nos une, nos conecta. Incluso a las personas mayores. El estar conectado nos prolonga la vida y no solamente añade años a la vida, sino vida a los años.

LUIS ROJAS MARCOS

Los que renuncian son más numerosos que los que fracasan.

HENRY FORD

Donde hay una empresa de éxito alguien tomó alguna vez una decisión valiente.

PETER DRUCKER

Si no te equivocas de vez en cuando, es que no arriesgas.

WOODY ALLEN

Tienes que hacer lo mejor con lo que Dios te dio.

MRS. GUMP EN LA PELÍCULA *FORREST GUMP*

Si comienza uno con certezas, terminará con dudas; mas si se acepta empezar con dudas, llegará a terminar con certezas.

FRANCIS BACON

Una persona que quiere venganza guarda sus heridas abiertas.

FRANCIS BACON

La recompensa del trabajo bien hecho es la oportunidad de hacer más trabajo bien hecho.

JONAS EDWARD SALK

Dichoso es aquel que tiene una profesión que coincide con su afición.

GEORGE BERNARD SHAW

El trabajo que nunca se empieza es el que tarda más en finalizarse.

J. R. R. TOLKIEN

Esta edición de
Te han despedido, ¡enhorabuena!
se imprimió en
Brosmac, S. L.